Joh. W. Matutis

Exerzierplatz LEBEN

Joh. W. Matutis

Exerzierplatz LEBEN

Zurüstung zur Vollkommenheit

Fromm Verlag

Imprint

Cover image: Vom Autor bereitgestellt

Publisher:
Fromm Verlag
is a trademark of
Dodo Books Indian Ocean Ltd. and OmniScriptum S.R.L publishing group

120 High Road, East Finchley, London, N2 9ED, United Kingdom
Str. Armeneasca 28/1, office 1, Chisinau MD-2012, Republic of Moldova, Europe
Managing Directors: Ieva Konstantinova, Victoria Ursu
info@omniscriptum.com

Printed at: see last page
ISBN: 978-620-8-86540-5

Joh.W.Matutis

Exerzierplatz LEBEN

Zurüstung zur Vollkommenheit

PREDIGTSAMMLUNG

Band 8

Fromm Verlag

INHALTSVERZEICHNIS

EINLEITUNG

für die Verwendung des Materials der Predigtsammlung

Zum Studium

Ich empfehle, die angegebenen Schriftstellen nachzuschlagen und nachzulesen, um sich so gründlich in die Materie einzuarbeiten und zu vertiefen.

Das Buch besteht aus drei Teilen und ist nicht in chronologischer Abfolge verfasst. Das geschriebene Wort wurde, gleich dem gesprochenen, kurz, prägnant und bündig notiert; es sind Reden, keine fließend ineinander übergehenden Abhandlungen.

Die dem Wort Gottes entnommenen Schriftstellen sind fett markiert und unterstrichen dargestellt. Schriftstellen, die nicht fett markiert, aber unterstrichen dargestellt sind, wurden zwar nicht gepredigt, aber der Vollständigkeit halber hinzugefügt. Es können aber auch einfach nur Wiederholungen sein.

Kursiv dargestellte Texte sind Zitate, die entweder auf das Wort Gottes zurückzuführen sind oder die Liedtexten, Sinnsprüchen bzw. Lebensweisheiten entnommen wurden. Dasselbe gilt für die in Klammer aufgeführten Bemerkungen, insbesondere für die Predigthinweise.

Wenn Ihnen der Inhalt gefallen hat, empfehlen Sie bitte dieses Buch an Ihre Freunde und Bekannten weiter und helfen Sie mit, das Evangelium zu verbreiten. Vielen Dank!

Und nun wünsche ich Ihnen viel Freude und geistlichen Gewinn beim Lesen dieser Lektüre.

Ihr Joh.W.Matutis
www.nnk-berlin.de

Teil 1

Predigt von Pastor Joh.W.Matutis

„Die Schule des Lebens“

Die Schule des Lebens

Einen schönen Guten Morgen! *„So wie ich bin"*, so kann ich zu Gott kommen. Ich muss mich nicht verstellen, ich muss mich nicht irgendwie verzetteln, ich muss mich nicht irgendwie frisieren oder neu machen. Nein, so wie ich bin, lieber Gott, so komm ich zu Dir! Und es ist schön, dass ich zu Gott kommen kann! Mein heutiges Thema lautet wie folgt: „Die Schule des Lebens". Das ist die Schule Gottes! Komm in die Schule des Herrn und lerne von Ihm (siehe Mt 11,29a). Wir haben eine ganze Menge zu lernen heute Morgen. Gott möge uns segnen. *„So wie ich bin"*, das ist ein schönes Lied, das bei Billy Graham immer wieder einmal gern in seinen Versammlungen während des Altarrufes zu hören war. Du musst nicht noch frommer werden, ein Glaubensbekenntnis auswendig lernen oder dieses und jenes vollziehen. Komm so, wie du bist. Gott nimmt uns so an, wie wir sind.

Die Schule Gottes ist da, wo wir lernen und etwas Neues annehmen dürfen. Bei Gott wirst du zunächst einmal durch den Heiligen Geist belehrt. Durch die Gnade Gottes wird dir die Grundausbildung zuteil. Wir wollen heute die Grundausbildung für unser geistliches Leben empfangen. „Was ist das geistliche Leben? Was für einen Nutzen habe ich davon?" In jedem Beruf gibt es eine Grundausbildung. Du musst zunächst einmal lernen, mit der Feile, dem Hammer oder der Nähnadel zu arbeiten. Ein altes Sprichwort lautet wie folgt: *„Was Hänschen nicht lernt, lernt Hans nimmermehr."* Deshalb müssen wir rechtzeitig beginnen, die Grundwahrheiten zu lernen; erst recht im geistlichen Leben. Was sind die Grundwahrheiten im geistlichen Leben? Was werden wir im Jenseits sein, wenn wir dort ankommen? Was lerntest du hier in diesem Leben? Diese Erde ist nur die Schule für das Jenseits. Was lerntest du für drüben? Das ist die große Frage! Wer die Menschen betrachtet, fragt sich: „Was war mein Leben?" und „Was brachte es mir überhaupt?" Was lernst du hier für die Ewigkeit? Was lernst du für deine Seligkeit? Was lernst du für den Himmel? Was lernst du für das Jenseits überhaupt und insgesamt?

Von den Verbannten und den Seligen gibt es verschiedene Stufen. Die einen erreichten dieses, und die anderen jenes. Die einen erreichten dieses nicht, und die anderen erreichten jenes nicht. Was erreichtest du in deinem Leben? Diese Frage bewegt mich. Mit dem Tod ist nicht alles zu Ende. Vergiss es! Viele sagen: „Mit dem Tod ist alles vorbei!“ Nein, da fängt es erst richtig an. Was lerntest du hier? Was war deine Ausbildung? Was nahmst du in die Ewigkeit mit? Welche Schätze gewannst du oder gewannst du nicht? Was bist du? Denn was du bist, bleibst du! „Wie der Baum fällt, so bleibt er liegen“. Diese Schriftstelle finden wir einmal in der Bibel vor (s. Pred 11,3). Der Mensch ist und bleibt so, wie er diese Erde verlässt! Wie willst du die Erde eines Tages verlassen? Wie willst du ins Jenseits gehen? Du nimmst nichts mit! *„Das letzte Hemd hat keine Taschen.“* Es hat auch kein Portmonee, keine Geldbörse und nichts. Wenn du hier „ein Esel“ warst, wirst du drüben auch ein Esel sein. Das teile ich dir in aller Liebe mit. Gott möge dich segnen. Ja, wie der Baum fällt, so bleibt er liegen. So, wie du stirbst und die Erde verlässt, so bleibst du auch in der Ewigkeit. Da gibt es kein Fegefeuer mehr und auch nicht dieses oder jenes. Da kannst du dich nicht mehr verändern oder verbessern. Das, was du bist, das bleibst du auch. Deshalb ist es so wichtig, dass du das bist, was du einmal drüben in der Ewigkeit sein willst. Wenn du hier versöhnt bist, bist du drüben auch versöhnt. Wenn du hier ein Streithammel bist, bist du dort auch ein Streithammel. Wenn du hier die Erde verlässt und keinen Frieden hast, hast du dort drüben auch keinen Frieden. Du wirst weder Frieden haben noch finden! Da kannst du beten, so viel du willst. Wenn du auf Erden stolz warst, wirst du im Himmel auch ein aufgeblasener Pfau, ein stolzer Hammel o. Ä. sein. Ja, du wirst aufgeblasen sein! Aber wenn du hier ein demütiger Mensch warst, wirst du dort auch ein demütiger Mensch sein und die Gnade Gottes empfangen. Denn die Demütigen empfangen die Gnade Gottes (s. Spr 15,33b, 18,12b, 22,4, 29,23b; Jak 4,10; 1 Petr 5,6). Wenn du hier kein Glück hattest, wirst du drüben auch unglücklich sein. Ich sage dir die Wahrheit. Ich weiß, wovon ich spreche, denn im Geist war ich schon einmal im Jenseits während meiner Gebets-

und Fastenzeit. Dort sah ich es. Es bleibt so, wie es ist, also so, wie wir die Erde verlassen, nicht anders. So ist es; nicht mehr und nicht weniger. Wenn du hier ein unglückliches Leben führtest, wirst du dort auch unglücklich sein. Wenn du hier ein glückliches Leben führtest, wirst du dort auch glücklich sein und dich freuen. Denn die Freude am Herrn ist unsere Stärke (s. Neh 8,10d). Wenn du hier gesund warst, wirst du dort auch gesund sein. Wenn du hier nicht gesund warst und dahinsiechtest, ist es im Jenseits auch so. Das stelle ich dir in aller Liebe anheim. Ich will dir nichts vormachen, und mache dir selber auch nichts vor. Im Jenseits wird es dir nicht besser gehen als es dir im Diesseits erging. Dort wird es nicht besser werden (s. 1 Petr 2,24b). Wir müssen im Diesseits in Jesu Wunden geheilt sein. Wir müssen schon auf Erden die innere Heilung erlebt haben (s. Jes 53,5b). Wir müssen hier Vergebung erfahren haben und mit Gott versöhnt sein (s. Eph 2,16; Kol 1,20). Alles, was du hier im Inneren hast, das hast du auch drüben. Was du im Inneren nicht hast – höre mir gut zu –, wirst du im Jenseits auch nicht haben. Deshalb ist es so wichtig, dass dein Innenleben gesund ist. Was du nicht hast, wirst du im Jenseits auch nicht erhalten. Bilde dir nichts ein, von wegen: „Ich werde im Jenseits einmal dieses und jenes sein!“ Nein! Was du im Diesseits verspielt hast, wirst du auch im Jenseits nicht besitzen. Gott möge dich segnen, damit es besser wird. Aber es wird nicht besser sein. *„Was Hänschen nicht lernt, lernt Hans nimmermehr.“* Das gilt für die Ewigkeit. Das Leben ist die große Rückkehr. Denke an den verlorenen Sohn (s. Lk 15,11-24). Du kommst zurück, und was du hier verspielt hast, das ist verspielt. Was du hier verloren hast, das ist verloren. Nur, was du in deinem Inneren – in deinem Herzen – gewannst, nimmst du mit ins Jenseits.

Im Jenseits werden nicht alle auf der gleichen Stufe stehen. Bilde dir nichts ein! Du sagst: „Ich werde erlöst sein! Ich werde beim Herrn sein!“ Vergiss es! Die Vielen, die zur Gerechtigkeit berufen sind, werden erlangen, was sie in ihrem Leben bewirkten. Es steht geschrieben: <u>Und die Verständigen werden leuchten wie des Himmels Glanz,</u> **<u>und die viele zur Gerechtigkeit weisen, wie die Sterne immer und ewiglich (Dan</u>**

12,3). Diese, die nichts taten, werden verblassen. Sie werden wie schwarze Löcher sein. Jemand, der nicht weiß, was Liebe und Sehnsucht ist, wird das jenseitige Leben, wie auch immer es aussehen mag, nicht genießen. Deshalb fange jetzt an, das Leben zu genießen, zu gestalten und zu leben! Fülle die Jahre mit Leben, wie auch immer du das machst.

Das Leben besteht aus Geben und Nehmen, aus Geben und Nehmen und nochmals aus Geben und Nehmen, usw. Verstehe das einmal richtig. Da musst du niemanden beneiden. Was du nicht gabst, wirst du auch nicht erhalten, denn, was du auf Erden säst, wird du im Himmel ernten. Hier in diesem Leben – in dieser Welt und Wirklichkeit – wird gesät, und im Jenseits geht es auf und du erntest. Wenn du hier nichts sätest, wirst du drüben auch nichts ernten. Das teile ich dir in aller Liebe mit. Wir müssen hier um alles kämpfen; uns wird nichts geschenkt. Uns fliegen nicht die gebratenen Hendl in den Mund. Wir müssen sie selber braten. Wir müssen selbst diese Hendl erarbeiten. Wir müssen selbst den guten Samen aussäen.

Neid und Eifersucht gehören zum Leben. Schmerz und Tränen gehören zur Gesundheit. Wenn dir hier keine Schmerzen widerfahren, weißt du im Jenseits nicht, was Gesundheit ist. Wenn du hier keine Trauer erfährst, weißt du im Jenseits nicht, was Freude ist. Wir müssen das alles durchleben. Ich predige schon die ganze Woche darüber. Es steht geschrieben: Irret euch nicht! Gott lässt sich nicht spotten. **Denn was der Mensch sät, das wird er ernten (Gal 6,7).** Ja, was der Mensch sät, wird er ernten; nicht mehr und nicht weniger. Ja, was du säst, erntest du.

Glück gehört zum Unglück dazu. Nachdem du dein Unglück und deine Schwierigkeiten Gott abgabst, wird Er dich belohnen (s. Mt 6,6; 1 Petr 5,7). Wenn du das nicht tust, wirst du diesen Unfug dann ernten. Schatten gehört zum Licht; Nachteil gehört zum Vorteil. Misserfolg gehört zum Erfolg. Im Diesseits findet die

Aussaat statt! Hier wird ein verweslicher Körper gesät, und einst wird ein unverweslicher Leib „geerntet“ werden (s. 1 Kor 15,42).

Was ist die Schule des Lebens? Gut, dass du fragst! Was du auf Erden lernen sollst: Du sollst erkennen: „Wir gehen nicht in die Schule, um den Lehrer zu belehren, sondern um selbst etwas zu lernen. So viele Leute wollen den Lehrer belehren und ihn darüber aufklären, was er alles wissen sollte. Sie sind schlauer als der Herr Lehrer selbst! So viele Christen sind einseitig. Sie arbeiteten das Leben nicht auf. Sie „verdauten“ es innerlich nicht richtig. Deshalb sind sie draußen, oben in der Wirklichkeit, wenn sie später einmal bei Gott sind, nichts und gar nichts; null und nichtig. Mann muss übereinstimmen. Deshalb ist es so wichtig, nach der Gerechtigkeit zu trachten. Trachte nicht nur nach dem Reich Gottes, sondern nach der Gerechtigkeit, die vor Gott gilt (vgl. Röm 10,3). Meine Gerechtigkeit vor Gott ist, dass mein Leben mit Ihm übereinstimmt und dass ich im Einklang mit dem Allmächtigen bin. Echte Freiheit ist, zu leben nach dem folgenden Motto: Mir ist alles erlaubt, aber nicht alles frommt mich, nicht alles bessert mich, nicht alles veredelt mich (s. 1 Kor 6,12). Ich kann zwar alles haben, aber ich muss und brauche nicht alles. Nicht alles befördert mich himmelwärts. Ich kann Verzicht üben. Alles, auf was du hier verzichtest, wirst du drüben gewinnen! Stell dir das einmal vor! Davon wirst du einmal einen Nutzen haben! Es wird dir Erfolg bringen! Echte Freiheit ist, dass ich mich hier beherrschen kann. Ich muss nicht alles haben. Ich muss nicht überall sein. Ich muss nicht alles gesehen haben. Ich muss nicht alles erlebt haben. Ach, was die Menschen nicht alles so wollen! Ich bin mein eigener Herr. Ich bestimme, wie mein Leben gestaltet wird. Und genau das findet im Jenseits statt. Du wirst über dein Leben bestimmen, und zwar darüber, was es war, was es ist und was es sein wird. Alles, was wir im Diesseits nicht erreichen, werden wir auch im Jenseits nicht erreichen. Das Leben ist die Schule für die Ewigkeit. Im Diesseits – hier und jetzt; also nicht erst, wenn du gestorben bist – lernst du für die Ewigkeit. Das ist die Schule des Lebens. Manche denken, dass die Schule des Lebens die

Gemeinde, die Predigt und das Hören des Evangeliums ist. Nein, das ist nicht so. Es ist das Kreuz, das du auf Erden trägst; es auf sich zu nehmen und zu sagen: „Ich leide gern. Ich bin gern bereit, dieses und jenes zu tun.“ (Siehe Röm 5,3)

Wir lernen auf Erden für die Ewigkeit. Hier erfahren wir die Grundausbildung. Was wir hier gelehrt und gelernt haben, das werden wir sein. So wie der Baum fällt, so bleibt er liegen; nicht mehr und nicht weniger. Es wird kein Nachholen, kein Aufarbeiten und kein Nachlernen geben. Verlasse dich nicht darauf und sage: „Ja, es gibt noch ein Fegefeuer!“ Das, was die Katholiken lehren, das gibt es nicht! In der Bibel lese ich kein einziges Wort über das Fegefeuer. Das, was du hier losgelassen hast, ist in der Ewigkeit losgelassen, und das, was du hier behalten hast, nahmst du in die Ewigkeit mit. Deshalb ist es so wichtig, dass du so viel wie möglich loslässt, bevor du in die Ewigkeit eingehst! Die bösen Erfahrungen und die schlechten Erinnerungen musst du loslassen. Die negativen Erlebnisse lasse los. Die Verletzungen lasse los! Das ist so wichtig! Das, was du losgelassen hast, haftet dir nicht mehr an und quält dich nicht mehr. Damit wirst du dich in der Ewigkeit nicht mehr herumschlagen. Es ist so wichtig, loszulassen. Lass in deinem Leben los, was dich belastet. Lass dich nicht quälen, herumtreiben, hetzen und jagen. Die Probleme, die du hier gelöst hast, sind auch drüben gelöst. So viele Menschen lösten ihre Probleme hier auf Erden noch nicht. Sie nehmen sie ins Grab und in die Ewigkeit mit. Sie quälen sich selbst, werden gequält Tag und Nacht, und sie haben keine Ruhe. Darüber berichtet die Heilige Schrift (s. Mt 18,21-35). Deine inneren Probleme werden deine ewigen Probleme sein! Dein Inneres wird immer dein Ewiges sein! Was dein Inneres war und dir zu schaffen machte, was dir Sorgen und Kummer bereitete, wird dich auch in der Ewigkeit bekümmern und belasten! Du bist auf dieser Welt, um dein Inneres zu bewältigen. Höre mir gut zu! Ich verkündige dir die Wahrheit. Ich möchte nicht, dass du einmal wie ein Blindgänger in die Ewigkeit gehst: „O, was findet mit mir statt? Warum sagte mir das keiner?“ Doch, höre zu, ich sage es dir! Höre mir gut zu! Das Innere, das du auf Erden bewältigt hast, ist auch im Jenseits bewältigt! Was du hier nicht bewältigt hast, wird auch im Jenseits nicht bewältigt, ganz gleich, was es ist: eine Krankheit, eine Sorge oder ein Problem. Du musst schon auf Erden den inneren Frieden besitzen! Geschwister, es ist so wichtig, dass wir inneren Frieden haben über unser Leben! Wir müssen innerlich geheilt sein! Wir müssen innerlich aufgearbeitet haben! Wir müssen innerlich bereit sein für die Ewigkeit: „Mein Gott, ich kann Dir begegnen! Ich fürchte mich nicht!“ Warum heulen, schreien und brüllen manche Leute wie ein Stier, wenn sie in die Ewigkeit gehen? Weil sie vieles nicht bewältigt haben! Bewältige deine Probleme, dann kannst du getrost während des Schlafes in die Ewigkeit gehen. Das macht dir gar nichts mehr aus. Aber wenn du es nicht bewältigt hast, dann brüllst du wie ein Stier. Das habe ich selbst einmal erfahren, denn eine Person aus meiner Gemeinde rief mich vor Jahren einmal an und teilte mir Folgendes mit: „Mein Mann liegt im Sterben. Er brüllt wie ein Stier. Ich kann es nicht mehr hören! Pastor, wäre es dir möglich, zu helfen?“ Die Krankenschwester teilte mir mit, dass ich mit diesem Mann nicht fertig werden würde. Außerdem sagte sie: „Wir gaben ihm Beruhigungsmittel, schnallten ihn am Bett an, aber nichts nützte etwas. Er tobt, schreit und brüllt wie ein Stier!“ Ich trat an sein Bett und sagte: „Komm, lass uns gemeinsam das Vaterunser beten. Mehr wollte ich auch gar nicht tun. Nachdem ich die Worte *„und vergib uns unsere Schuld, wie auch wir vergeben unsern Schuldigern“* ausgesprochen hatte, löste sich sein Schmerz. „Ich muss meinen Schuldigern vergeben“ stammelte er. Ich unterbrach das Gebet und wartete solange, bis er innerlich – in seinem Koma und Delirium – allen vergeben hatte. Ein paar Tage später schlief er in Frieden ein, ganz ohne zu brüllen. Als ich aus dem Krankenzimmer herauskam, fragte mich die Krankenschwester, was ich mit diesem Mann getan habe, und ich sagte: „Nichts, wir beteten nur gemeinsam das Vaterunser.“ *„Und vergib uns unsere Schuld, wie auch wir vergeben unsern Schuldigern.“* (Siehe Mt 6,12) Es ist so wichtig, dass du auf Erden lernst, deinen Schuldigern zu vergeben; denjenigen, die dich verletzten, kränkten, beleidigten, die dich beraubten, betrogen, benachteiligten u. v. m. Ja, vergib ihnen! Später erfuhr ich von seiner Frau, dass er vielen Menschen vergeben musste. Vergib! Es ist so wichtig, dass du hier lernst, zu vergeben. Alles, was du nicht lernst und vergibst, nimmst du mit in die Ewigkeit, und dann brüllst du wie ein Stier. Das wird für dich eine Hölle sein. Da wirst du jammern und klagen: „Mein Gott! Mein Gott! Mein Gott! Mein Gott! Mein Gott! Mein Gott!“ Lerne, zu vergeben! Verdränge nichts! Versuche es auch nicht durch Medikamente oder Drogen zu verdrängen! Es ist wichtig, dass du es aufarbeitest, damit du es nicht mit in die Ewigkeit nimmst. Es ist weder gut für deine Ewigkeit noch für deine Seele. Das, was du in deinem Inneren birgst, nimmst du mit. Mit dem Verdrängen betrügst du dich nur selbst und schadest dir auch nur selbst. Das Verdrängte holt dich wieder ein, spätestens dann, wenn die Wirkung der Drogen und Medikamente nachlässt. Sie wirken nicht mehr im Jenseits. Im Leben geht so viel verloren! Wir vergaßen und verdrängten es! Das Negative läuft uns so lange nach, bis wir es Jesus abgaben und sagten: „Jesus, nimm Du diesen ganzen Shit!“ Du musst von deiner Vergangenheit erlöst werden, und das nicht nur im Zusammenhang mit deinen Sünden, sondern von deiner Vergangenheit insgesamt. Du musst erlöst werden von deinen Enttäuschungen, von deinem Trug und Betrug, von deinem Frust, von deiner Bitterkeit und von allem, was du erlebtest. Bete: „Jesus, ich stelle es Dir anheim! Ich löse mich davon! Mache Bahn in meinem Leben!“ (Vgl. Jes 57,14) Du musst erlöst werden von deiner Vergangenheit. Ansonsten wirst du verfolgt und hast keinen Frieden ewiglich.

Wir sind hier in der Schule des Lebens, Brüder und Schwestern! Deine inneren Probleme musst du hier aufarbeiten, nicht erst, wenn du ins Jenseits eingehst. „In der Ewigkeit wird mir der liebe Gott helfen!“, behauptest du. Nein! Er wird dir nicht helfen! Er hat gar kein Interesse daran, dir zu helfen. Das teile ich dir in aller Liebe mit. Deine Probleme musst du auf Erden lösen. Deshalb bist du auf dieser Welt. Hier musst du deine Hausaufgaben erledigen. So viele machen ihre Hausaufgaben nicht. Verdränge nichts! Verdrängung ist nicht die Lösung des Lebens. Davonrennen, Stehenlassen, Ausblenden, Ignorieren, Leugnen und Unterdrücken ist nicht die Lösung deiner Probleme. Sie müssen vergeben und losgelassen werden. Als meine

Frau heimging, taten wir von ein Uhr nachts bis morgens sechs Uhr nichts anderes als loszulassen: „Wir lassen los, die uns verletzten!“ Sie nickte. „Ich lasse dieses und jenes los!“ Wir müssen sogar als Christen so viel loslassen! Du glaubst gar nicht, was du alles so loslassen musst in deinem Leben! Du musst Mutter, Vater, Bruder und Schwester loslassen, die dich nicht so behandelt haben, wie du gern behandelt worden wärest. Lass los! Arbeite auf, was in deinem Leben nicht stimmt. Anderenfalls nimmst du das alles mit in die Ewigkeit. Dann sagte ich zu ihr: „Heidi, und jetzt musst du auch mich loslassen.“ Als sie daraufhin nickte und die Worte wiederholte, „ich lasse dich jetzt los“, schlief sie ein. Sie war im Frieden. Das fand genau vor fünf Jahren statt.

Lass alles los, was dich in deinem Leben belastet, Bruder und Schwester!, deinen Mann, deine Frau, deine Kinder, deine Arbeit, dein Geschäft, deine Gemeinde, deine Geschwister, deine Freunde, deine Bekannten, deine Nachbarn und wen auch sonst noch. Lass los, sonst nimmst du sie alle mit in die Ewigkeit und hast keinen Frieden. Der Herr ist ein Gott des Friedens. Du kannst Ihm nur begegnen, wenn du Frieden hast; den inneren Frieden meine ich. Alles, was dich im Diesseits verfolgt und plagt, wird dich im Jenseits verfolgen und plagen! Hör mir gut zu, denn ich war schon einmal in der Ewigkeit. Ich weiß, was da stattfindet. Was du hier nicht loslässt, hängt dir im Jenseits an. Damit bindest du dich selbst. Lass los, die du gebunden hast. Da nützt weder Beten noch Fasten. Es steht geschrieben: **Ist nicht das ein Fasten, an dem ich Gefallen habe: Lass los, die du mit Unrecht gebunden hast, lass ledig, auf die du das Joch gelegt hast! Gib frei, die du bedrückst, reiß jedes Joch weg! (Jes 58,6)** Lass los, die an dir schuldig wurden! Es ist dir nicht möglich, das Gift dieser Welt mitzunehmen. Das musst du hierlassen. Was du hier nicht loslässt, wirst du niemals los. Erschrick nicht! Aber ich will dich eigentlich erschrecken, damit es dir solange nicht mehr gelingt zu schlafen, bis du Frieden im Herzen hast. „Ich muss alles loslassen!“ Wenn du das nicht tust, wirst du keinen Frieden in der Ewigkeit haben, selbst dann nicht, wenn du dieses oder jenes Schlafmittel einnimmst, oder dich gar in Narkose versetzen lässt. Du wirst solange keinen Frieden haben, bis du nicht in deinem Herzen Frieden gemacht hast. Was du auf Erden getan hast, ist getan für alle Zeit und Ewigkeit. Das Leben ist eine Situation, mit der du fertig werden musst. Du musst es richtig verstehen! Was ist das Leben? Das Leben ist eine Schule; die Grundausbildung. Hier wirst du ausgebildet. Lass los, was dich belastet. Lass los, was du hier nicht verstanden hast und was dir Schwierigkeiten bereitet. Lass los! Gehe ins Gebet: „Lieber Gott, ich verstehe diesen ganzen Unfug nicht! Nimm mir diesen Ballast ab. Das ist nicht mein Problem!“ Was du im Diesseits nicht verstehst, wirst du auch im Jenseits nicht verstehen, in aller Liebe, ja, ich will dich schockieren. Beschäftige dich nicht zu sehr mit dem Jenseits, sondern viel mehr mit dem Diesseits, mit dieser Welt und mit dieser Wirklichkeit. Das gilt für das ganze Leben. Wenn du im Diesseits die Depressionen nicht loswurdest, wirst du auch im Jenseits nicht davon losgelöst sein. Du wirst die ganze Zeit im Himmel depressiv sein! Da wirst du Komplexe haben und dich mit deinen Krankheiten herumschlagen! Das wird die Hölle für dich sein! Du wirst Probleme und Sorgen haben. Das wird dir der Doktor nicht erzählen. Es ist so wichtig, jetzt schon seine Probleme zu lösen, und nicht erst, wenn es zu spät ist und „der Zug abgefahren ist“. Was du im Diesseits nicht löst, bleibt ungelöst! Lieber Bruder und liebe Schwester, das ist so wichtig! Löse jetzt deine Probleme, deinen Ärger, deinen Stress, deinen Unmut, deine Ärgernisse u. a. Alles lebt in uns weiter! Das können wir nicht ungeschehen machen. Was geschehen ist, ist nun einmal geschehen; es gelingt dir nicht mehr, es zu verdrängen. Es muss aufgearbeitet werden: „Lieber Gott, das gebe ich Dir ab! Weg damit, weg damit, weg damit, weg damit, weg damit!“ Es muss aufgearbeitet werden. Das teile ich dir in aller Liebe mit. Drüben kannst du nicht mehr büßen. Da ist die Zeit überschritten. Da wirst du daran leiden und sagen: „Ach, hätte ich nur losgelassen! Ach, hätte ich nur auf den Herrn Matutis gehört!“ Lass die negativen Erfahrungen deines Lebens los! Lass sämtliche Ärgernisse los, wie z. B., dass dein Mann oder deine Frau verstarb, das Übel, das in deiner Familie stattfand, alle unerfüllten Wünsche, die du entbehrtest. Lass los! Wenn du das nicht tust, wirst du die Hölle durchleben. Du wirst weiter in der Hölle braten und schmoren. Nur wer sich im Diesseits Gott ergab, nur wer im Diesseits Gott alles überließ und sagte: „Gott, ich stelle Dir das alles anheim!“, gleich Hiob, der sprach, was nachfolgend geschrieben steht: **Der HERR hat's gegeben, der HERR hat's genommen; der Name des HERRN sei gelobt! (Hiob 1,21b)**, der lebt das göttliche Leben weiter, das er von Gott geschenkt bekam. Nur derjenige, der lernte, Gott alles anheimzustellen, wird glücklich sein. Überlasse dein Leben Gott, wie auch immer es verlief: voller Missgeschicke, voller Misserfolg, voller Drangsal, voller Trübsale, voller Schwierigkeiten, oder auch voller Glück und Freude, wie auch immer, rufe aus: „Herr, ich überlasse alles Dir! Aus Deinen Händen nehme ich mein Leben! Es liegt in Deinen Händen!“ (Siehe Ps 31,6a HFA) Freue dich in Jesus! Freue dich darüber, dass du einmal Jesus treffen wirst. Freue dich am Gottesdienst und bete: „Gott, ich will Dir begegnen! Ich will nichts mitnehmen von diesem ganzen Negativen! Ich will den Schmutz und Dreck dieser Welt nicht mitnehmen! Ich lasse alles hier! Ich löse mich davon!“ Es ist so wichtig, dass du anfängst, dich von all dem Negativen deines Lebens zu lösen. Solange du noch an diesem Leben hängst, in diesem Leben bist, es gestaltest u. v. m., versucht Satan, dich zu binden mit den Worten: „Das kannst du nicht!“, und du erwiderst mit den Worten: „Die Rache ist mein!“ Du musst dich nicht rächen (s. 5 Mose 32,35a; Röm 12,19). Lass den Herrn für dich streiten. Lass Gott für dich kämpfen (s. 2 Mose 14,14). Er wird es wohlmachen in deinem Leben. Du musst nichts tun. Überlasse dein Leben und deine Zukunft Ihm.

Satan will, dass du dein Leben verlierst. Und er hat genug nützliche Idioten, die ausrufen: „Ich muss festhalten! Ich muss festhalten! Ich muss festhalten!“ Und außerdem: „Diese Person mag ich nicht, jene Person mag ich nicht, und diese Person mag ich auch nicht, und jene desgleichen!“ Dann gelangst du in die Ewigkeit und magst niemanden mehr. Dann bist du ein Einzelgänger. Dich mag keiner, und du magst auch keinen. Das ist die Hölle! Denke nicht, dass die Hölle etwas Besonderes ist. Sie ist nichts Besonderes, sondern das, was du hier nicht lösen konntest, nimmst du mit ins Jenseits und in die Ewigkeit. Sobald du hier die Augen schließt, stirbst du so, wie ein Stier, ein Ochse oder ein Esel verreckt, gleich diesem Mann, den ich am Sterbebett besuchte. *„Und vergib uns unsere Schuld, wie auch wir vergeben unsern Schuldigern."* Lass los! Freue dich darauf, dass du Jesus treffen wirst, dass du jetzt bereits in Seiner Gegenwart verweilst und, dass du Seine Gegenwart genießen kannst! Freue dich, dass du die Sündenvergebung erfuhrst und gewiss bist, allen Menschen vergeben zu haben. Du sagst jetzt: „Ich trage niemandem mehr etwas nach. Ich löste mich von allem. Die anderen beschäftigen mich nicht. Mich beschäftigt nur mein eigenes Leben. Ich löse meine Problemen selbst und sage: Lieber Gott, ich will vor Dir bestehen!"

Wenn Satan dich nicht mit Leid schlagen kann, benützt er dich, dass du dich fünf bis zehnmal impfen lässt. Aber das nützt nichts. Es ist überflüssig in deinem Leben. Du musst zuerst einmal dein Leben unter Gott stellen. Erst dann beginnt es, neu zu rotieren und neu zu werden. Satan will dich kaputtmachen und ruinieren!, und er benützt Leute, die bisher nichts gelernt haben und einfältig bleiben für den Rest ihres Lebens, solche, die nicht vergeben, die keine Versöhnung predigen und die keine Versöhnung tun, diese, die weder an eine Versöhnung glauben noch sich selbst versöhnen lassen. Du musst ja nicht gleich die Hand ausstrecken und sagen: „Bitte vergib mir!" Sage in deinem Geist: „Ich löse mich von diesem und jenem!" Jesus sprach, was nachfolgend geschrieben steht: **Wahrlich, ich sage euch: Alles, was ihr auf Erden binden werdet, soll auch im Himmel gebunden sein, und alles, was ihr auf Erden lösen werdet, soll auch im Himmel gelöst sein (Mt 18,18).** Im Himmel – d. h. im Jenseits, in der Ewigkeit, in der Hölle oder wo auch sonst noch. Finde Frieden in deinem Herzen, worüber auch immer, z. B. hinsichtlich deiner Verletzungen, die du durchleiden musstest. Die Gott lieben, werden mit Ihm gehen und Frieden haben. Der Heilige Geist schließt es dir auf: „Da musst du gelöst werden und dort desgleichen, und an dieser Stelle musst du auch gelöst werden!" Obwohl wir, meine Frau und ich, gläubig waren und als Christen dem Herrn dienten, mussten wir so viel loslassen! Als ich dann nach Hause kam und über mein Leben nachdachte, sagte ich zu mir selbst: „Gott, was musste ich nicht alles loslassen! Was sollten wir nicht alles vergessen!“ Lass in deinem Leben alles los, was du gebunden hast. Du sagst: „Mit diesem und jenem will ich nichts zu tun haben!“ Aber genau mit dieser Person wirst du es im Jenseits zu tun haben! Sie wird dich piesacken und quälen! Neben ihr wirst du sitzen! Sie wird dir ständig Übles tun und dich kitzeln. Wenn du diese Sache nicht loslässt, wirst du nur Ärger haben in der Ewigkeit! Wie ich euch bereits verkündigt habe, war ich schon einmal während meiner Gebets- und Fastenzeit im Jenseits. Behalte nichts Negatives in deinem Leben. Es wird dich verfolgen und begleiten. Die Schule Gottes muss bereits auf Erden absolviert werden. Du musst es hier tun, denn hier wird diese Schule unterrichtet. Wenn du es hier nicht lernst, vergiss alles Weitere. Du brauchst nicht in die Gemeinde zu kommen. Bleibe zu Hause. Lege dich ins Bett und schlafe. Du wirst sowieso weder etwas lernen noch etwas kapieren. Das Leben ist dazu da, dass du etwas lernst und kapierst, und zwar: „Ich muss loslassen!“ Sonst freut sich Satan über dein Leben! Sei gewiss! Tausche das Negative aus und sage: „Lieber Gott, ich liebe Dich! Ich möchte mit diesem Leben nichts mehr zu tun haben! *Ich vergesse, was dahinten ist* (s. Phil 3,13b), was mir widerfuhr, was ich erlebte, was mir zugefügt wurde. Ja, ich vergesse es und lasse alles hinter mir. Die Welt liegt hinter mir. Ich folge Jesus.“ Vor dir liegt das Jenseits. Wir alle müssen sterben. Wir alle müssen vor Gott stehen eines Tages. Dann wird sich herausstellen, ob wir erlöst sind oder nicht, oder ob wir die Erlösung nur vorgetäuscht haben und ausriefen: „Ich bin ein Kind Gottes!“ Vergiss diesen Unfug, dass du ein Kind des höchsten Gottes bist! Keiner glaubt es dir! Wenn du im Jenseits bist, wirst du erfahren, ob du ein Kind Gottes warst oder nicht.

Spiele doch nicht Religion! So viele Leute spielen Religion. Sie sind Schauspieler und teilen mit: „Ich bin getauft! Ich bin vom Geist Gottes erfüllt! Ich lese die Heilige Schrift!“ Aber tust du denn auch, was im Wort Gottes geschrieben steht? (Siehe Mt 7,24 ELB; Jak 1,22) Vergib deinen Schuldigern, so wird Gott dir vergeben (s. Lk

6,37c). Selbst wenn du hier keine Entzückung erfuhrst, wirst du dann im Jenseits entschädigt werden. Dort wird dein Mangel mit Seinem Reichtum ausgefüllt werden, wie nachfolgend geschrieben steht: **Mein Gott aber wird all eurem Mangel abhelfen nach seinem Reichtum in Herrlichkeit in Christus Jesus (Phil 4,19).** Dort wirst du Wunder über Wunder erleben! Dort wirt du die Gegenwart Gottes erleben. Dort werden wir in der Herrlichkeit Gottes sein.

Wie wird dein Leben in der Ewigkeit aussehen? Wie wirst du vor dem allmächtigen Gott stehen? Vollkommen? Rein? Heilig? Ich frage dich, wie? Oder willst du weiter von deinen negativen Gedanken gequält werden? Wirst du in der Ewigkeit Gott dienen oder auf Satan hören? Du sagst: „Siehst du dieses?, siehst du jenes?, siehst du das und das?“ Satan ist der Ankläger der Brüder (s. Sach 3,1; Offb 12,10b) – und der Schwestern auch – „Siehst du dieses?, siehst du jenes?, siehst du das und das?“ Die sichtbare Welt wird im Jenseits sichtbar werden. Dort wirst du das alles erleben und davon verfolgt sein. Dort begegnest du Menschen, mit denen du im Diesseits zusammen warst und mit denen du keinen Frieden hattest. Sie werden dich piesacken und quälen! Sie werden vielleicht neben dir sitzen, lachen, jauchzen und jubeln. Sie werden neben dir im Himmel sein. Sie haben zwar nichts mit dir zu tun, aber sie werden dich plagen. Dieser ist da, jener ist dort, und dieser und jener auch noch. Du wirst erschrocken darüber sein, was sie alles können und was du nicht kannst! Denn wenn du erst einmal in die Ewigkeit eingegangen bist, ist es dir nicht mehr möglich, dein Leben zu veredeln und zu verbessern. Entweder du veredelst und verbesserst dein Leben auf Erden, oder nie. Entweder du bist hier friedfertig oder nie. Entweder du gehst hier in den Frieden Gottes ein oder nie. So ist das Leben. Es ist gerecht. Wir müssen das Leben durchleben.

Lies einmal die sieben Seligpreisungen, die im Evangelium nach Matthäus Kapitel 5 stehen. Dort steht geschrieben: **Selig sind, die reinen Herzens sind; denn sie werden Gott schauen (Mt 5,8).** Diese, die kein reines Herz haben, werden Gott nicht schauen. Diese werden sich weiter betrügen lassen, verlogen und negativ sein. Ja, sie werden Gott nicht schauen! Dort werden wir nicht erreichen, was wir hier erreichen. Ich predige von der Lebensschule. Du bist hier, um zu lernen! Du bist zur Grundausbildung hier. Was du hier nicht lernst, lernst du nie. Das, worüber du hier kein Verständnis bekommst, wirst du nie verstehen. Das stelle ich dir in aller Liebe anheim. Du kannst noch so fromm sein, wie du ja denkst. Wenn wir hier nichts erreichen, werden wir im Jenseits auch nichts erreichen. Wenn wir auf Erden nicht das Lob Gottes empfangen: *„Dies ist mein geliebter Sohn"* – oder meine geliebte Tochter – *„an dem"* – oder an der – *„ich mein Wohlgefallen habe"*, dann werden wir es nie empfangen (s. Mt 17,5b SLT). Wenn dir hier im Diesseits nicht dieses Zeugnis des Heiligen Geistes zuteilwurde, wird es dir drüben im Jenseits auch nicht zuteilwerden. Das, was du im Diesseits nicht erreicht hast, wirst du im Jenseits auch nicht erreichen. Selbst dann nicht, wenn du auswandern oder dich hinter dem Mond platzieren würdest. Gott spricht hier und jetzt, zu dieser Zeit und solange du lebst: „Ändere dein Leben! Jetzt ist deine Zeit! *Meine Zeit ist noch nicht da.*" (Siehe Joh 7,6a) „Denn wenn meine Zeit kommt, dann ist es zu spät für dich! Jetzt kannst du meine Liebe, meine Gnade und meine Kraft erleben! Jetzt kannst du meine Güte und Barmherzigkeit erleben!" Das kannst du nachher nicht mehr. Vergiss diese ganze fromme Spinnerei. Nachher wirst du das sein, was du hier warst, denn so, wie der Baum fällt, bleibt er liegen. Entweder du bist ein Sohn bzw. eine Tochter des allmächtigen Gottes und erreichtest im Diesseits, was Gott von dir wollte – die Berufung deines Lebens –, oder du bist es nicht. Meine Berufung ist nicht etwa, dass ich predige, singe oder etwas Großes für den lieben Gott tue. Das interessiert den himmlischen Vater nicht. Er interessiert sich dafür, was aus meinem Leben geworden ist und dafür, was ich daraus gemacht habe.

Im Jenseits bist du entweder ein Gotteskind oder ein Teufelskind, eins von beiden; mehr kannst du nicht werden. Diese Erde ist zu deiner Läuterung, zu deiner Reinigung und zu deiner Verklärung da. Das, was du hier lernst, setzt sich als das

Gute im Jenseits fort! Das ist mein Evangelium, das ich verkündige, denn ich predige nicht etwa: „Glaube an den Heiland und alles wird gut werden!" Denn da wird nichts gut! Es muss hier gut werden! Im Jenseits wird sich zeigen, inwieweit du gesegnet bist, inwieweit du im Willen Gottes lebtest, inwieweit du Gott dientest, Ihn fürchtetest u. v. m. Das alles wird sich zeigen, wenn du einmal in der Ewigkeit bist. Sobald du hier die Augen schließt, siehst du den lebendigen Gott. Du wirst vor den lebendigen Gott gestellt (s. Röm 14,10c NLB). Da ist es dir nicht mehr erlaubt zu argumentieren oder dich herauszureden mit Worten wie: „Ich war dieses oder jenes!" Dann bist du das, was du warst. Das teile ich dir in aller Liebe mit! Als ich das einmal irgendwo in Süddeutschland predigte, rief eine Frau aus: „Ich kann nicht mehr schlafen!", worauf ich erwiderte: „Ich wünschte, du könntest nicht mehr schlafen Tag und Nacht!" „Was?", rief sie erschrocken aus, und: „Ich werde das sein, was ich bin?" „Ja!" Das, was du auf Erden zu Lebzeiten als Mensch warst, das bist du in der Ewigkeit. Dort wird sich herausstellen, wie deine Liebe war, echt oder vorgetäuscht. Es wird sich zeigen, was deine ganzen Glaubensbekenntnisse wert waren. Es wird sich herausstellen, ob du nur Theater gespielt hast oder ob es echt war. Jetzt können wir gut heucheln, denn es kontrolliert uns kein Mensch, außer du dich selbst. Doch wenn wir einmal im Jenseits sind, hört dieses Theater mit dir, mit mir und mit uns allen auf. Da stehen wir vor Gott und wissen auf tausend Fragen keine einzige Antwort. Das ist im Wort Gottes festgehalten (s. Hiob 9,3 NLB). Dann wird alles offenbar werden. Dann bist du das, was du bist. Wenn du hier ein Ferkel warst, dann wirst du im Jenseits auch ein Ferkel sein. Wenn du hier ein Esel warst, dann wirst du im Jenseits auch ein Esel sein. Wenn du hier ein Heiliger warst, dann wirst du im Jenseits auch ein Heiliger sein. Es wird offenbar werden, was du im Jenseits bist. Du kannst mir viel vormachen. Die Leute machen eine Show und spielen mir den lieben Heiland vor. Manchmal bin ich so töricht, dass ich es glaube. Aber seit den letzten Jahren glaube ich den Leuten überhaupt nichts mehr. Ich glaube nur mir selbst. Ich weiß, wer ich bin, was ich bin, was ich will und was ich einmal sein werde. Im Jenseits wird sich herausstellen, welche Wohnstätte du einmal beziehen wirst: eine

Höhle, eine Wüste oder eine Prärie, oder den Palast bei dem lebendigen Gott. Es wird sich alles zeigen. Sage „Amen!“ dazu oder nicht. Sage: „Das stimmt, Bruder Matutis!“ oder sage: „Das stimmt nicht!“ Es wird sich zeigen, wenn du einmal in der Ewigkeit bist. Wir warten es ab.

Ich warte ab, ob ich ein Freund Gottes war, ob ich mein Ziel erreichte oder nicht. Es wird offenbar werden, was ich bin. Es wird alles offenbar werden. Glaube mir das. Ich will dich nicht erschrecken. Ich will dir nur den Ernst des Lebens bewusstmachen. Es ist ernst, in der Schule zu lernen und nicht zu schwänzen. So viele sind Schulschwänzer! Sie wollen die Schule Gottes schwänzen, also nicht zur Schule gehen, sodass ihnen nicht mitgeteilt wird, was Gott will dass sie lernen sollen. Ich weiß, was es bedeutet, die Schule zu schwänzen. Ich war einmal ein paar Wochen lang krank. In dieser Zeit wurde das Bruchrechnen behandelt. Als ich dann wieder in der Schule war, rief ich entsetzt aus: „Das gibt es doch nicht! Was rechnen meine Mitschüler denn da!“ Ich bekam Nachhilfeunterricht und lernte das Bruchrechnen. Vielleicht musst auch du jetzt „noch etwas nachrechen“. Du bist jetzt in der Gemeinde. Jetzt hörst du das Wort Gottes. Jetzt hörst du „etwas über Bruchrechnen; du vernimmst, was der größte und der kleinste Nenner ist und wie man damit umgeht“. Wir sind in der Schule, um zu lernen, und zwar jetzt. Solange du lebst, kannst du noch etwas lernen.

Ich erlebte einmal ein Rockkonzert mit. Die Leute von der Drogenszene kamen, weil sie die Living Stones hören wollten. Das war damals eine starke Musikgruppe. Vorne saß ein alter Bruder. Es wackelten sogar die Dachrinnen, so laut sang diese Band. Ich fragte: „Otto, geht es dir noch gut?“, und er sprach: „Ja, aber mein Kopf brummt!“ Dennoch: es war „Saat auf Hoffnung“. Diese beinahe vierhundert Leute aus der Drogenszene wollten diese Living Stones hören. Diese sangen von Jesus. Damals waren auch die Rolling Stones populär. Sie schmetterten, was das Zeug hielt, also bis die Dachrinnen wackelten. Das ist Saat auf Hoffnung. Heute Morgen hier, das, was ich predige, ist auch Saat auf Hoffnung. Ich möchte dich nicht einfach verlieren, sondern ich will, dass du etwas für deine Seligkeit in die Ewigkeit mitnimmst und dass du glücklich bist, wenn ich dich wiedertreffe. Dann begrüße ich dich: „Bruder oder Schwester, ich freue mich, dass ich dich auf Erden da und dort sah! Damals begrüßte ich dich und jetzt bist du mitten unter uns. Du erreichtest das Ziel!" Mir ist wichtig, dass du das Ziel deiner Seligkeit erreichst, nicht mehr und nicht weniger. Du sollst wissen: „Ja, mein Erlöser lebt! Mein Heiland trug mich durch! Er half mir! Ich folgte weder Märchen noch Altweiberfabeln noch irgendwelchen religiösen Fantasien (s. 2 Petr 1,16), sondern Jesus! Ich erlebte Ihn und tat, was Er von mir wollte!"

Vergib und dir wird vergeben werden (s. Mt 6,14). Lass los und du bist frei. Was du nicht loslässt, nimmt dich gefangen. Du kannst zappeln und tun, was du willst. Lass los, die du gebunden hältst! Du erwiderst: „Sieh nur, was dieser oder jener Mensch mir zufügte. Er ruinierte mein Leben!" Mein Leben ruinierten viele Menschen! Ich musste vielen Menschen vergeben, die das taten! Vergiss es! Ich gehe weiter! *„Die Hunde bellen, die Karawane zieht weiter."* Was da auch immer gewesen war, die Hunde bellen zwar noch, aber ich mache weiter und lasse mich nicht aufhalten. Werde ein Gottesfreund! Wenn du kein Gottesfreund wirst, wirst du ein Gottesfeind sein; eins von beiden. Die Entscheidung liegt bei dir. Es ist deine Möglichkeit! Nütze sie! Gehe weiter! Lebe weiter! Kämpfe weiter! Gib dich nicht auf! Es ist so wichtig, dass du dich nicht aufgibst! Du bist jetzt in eine Sache hineingeraten, aus der du wahrscheinlich dein Leben lang nicht mehr herauskommen wirst. Lass los! Ich denke noch immer an diesen Mann im Krankenhaus Charlottenburg. Er brüllte und brüllte und brüllte gleich einem Ochsen. Nicht einmal einen Ochsen hörte ich so laut brüllen, obwohl wir damals einen hatten. Ich trat zu ihm und sagte: „Lass uns das Vaterunser beten." *„... Und vergib uns unsere Schuld, wie auch wir vergeben unsern Schuldigern."* Plötzlich war er still. Ich fragte: „Kannst du allen Menschen vergeben?" Daraufhin nickte er. Er konnte nicht mehr richtig sprechen, nur noch brüllen, doch er gab mir zu verstehen: „Ich vergebe!" Als er das so zum Ausdruck gebracht hatte, verspürte er plötzlich einen tiefen Frieden und schlief ein. Die Krankenschwestern fragten: „Was taten Sie?“, und ich antwortete: „Gar nichts weiter. Ich sagte nur: „Vergib und du wirst Frieden haben.“ Später beerdigte ich diesen Mann dann auch noch. Gott vergab ihm.

Gebet: Vater im Himmel! Wir wollen jetzt schon wissen, auf welcher Seite wir einmal stehen werden: auf der Seite Gottes, auf der Seite Satans oder auf welcher Seite auch sonst noch. Hilf uns, dass wir uns Dir ganz hingeben, dass wir ganz mit Dir leben und unser Leben nach Deinem Willen gestalten. Dein Wille soll in unserem Leben geschehen, lieber Vater! Ich segne alle, die Dein Wort heute Morgen vernahmen. Herr, hilf, dass Menschen verstehen, was Vergebung ist, was Versöhnung ist und was Loslassen ist! Sie müssen jetzt loslassen oder sie nehmen es mit in die Ewigkeit. Segne sie, lieber Heiland, damit das geschieht!

Jetzt hören wir das Lied *„O, großer Gott, wenn ich die Welt betrachte“*; und wir wollen die Welt mit den Augen Gottes betrachten. Gott ist größer als unser Problem. Er ist größer als unsere Schuld. Ja, Er ist größer als alles, was wir haben. *„Großer Gott, wir loben Dich!“* Herr, wir preisen Deine Liebe und Deine Huld! *„Wie Du warst vor langer Zeit, so bleibst Du in Ewigkeit!“* Du bist ein und derselbe ewige Gott!

Während wir dieses Lied hören, nehmen wir unser Morgenopfer auf. Gott möge uns segnen. Herr, Du hilfst uns, das Reich Gottes zu bauen, damit noch viele Menschen das Evangelium hören und vernehmen, was du gerade vernahmst. Lass los! Vergib so gut du kannst! Löse dich von den Problemen, damit sie dir nicht mehr anhaften und anhängen! Sprich: „Ich löse mich, lieber Heiland! Ich sage mich los von allem, was mir anhaftet, was mich kränkt und schwächt!“ Gott segne dich, und Er möge uns alle segnen, in Jesu Namen, Amen.

Teil 2

Predigt von Pastor Joh. W.Matutis

„Grundlagen des Lebens“

Grundlagen des Lebens

Guten Abend!, ich grüße euch ganz herzlich. Heute werden wir uns über die Grundlagen des Lebens unterhalten. Wir hörten das schöne Lied vom Weinstock. Jesus ist der Weinstock. Die Gemeinde wird als der Weinberg bzw. der Weingarten bezeichnet. Das ist in der Bibel enthalten (siehe Jes 5,7a; Mt 20,1 EU). Die Grundlagen des Glaubens und des Lebens – das sind die Fundamente.

Heute betrachte ich die sieben Gebote, die von Noah gegeben wurden. Man kann sie nicht erschöpfend betrachten, aber streifen. Es geht nicht nur um die zehn Gebote, die wir kennen, sondern Noah gab den Menschen – den Heiden, Nationen und Völkern – sieben Gebote, auf die sie achten sollten: sie sollten keinen Götzendienst betreiben, nichts Ersticktes zu sich nehmen, sich vom Blut enthalten sowie auch von der Unzucht u. v. m. Er gab ihnen noch ein paar andere Regeln: Passt auf! Lebt richtig und gesund!

Das Leben braucht Fundamente, und zwar gute, damit wir nicht auf Sand bauen (s. Mt 7,26). So viele Menschen machen sich das Leben leicht und sagen: „Ach, was geht mich das an!“ Gott gab von Anfang an Regeln. Gleich nach der Sintflut verkündigte Noah sie den Menschen, damit sie wissen, wie man sich verhält. Du brauchst gute Gründe und Argumente. Das gilt auch für deinen Glauben. Ich bin Gott dankbar für alle diese Regeln, die existieren, damit ich weiß, wie ich mich verhalten soll. Ich überfahre nicht das Rotlichtsignal, sondern ich fahre erst, wenn das grüne Licht aufleuchtet. So ist das Leben. Drei Lichter regeln den Verkehr. Es ist schön, zu wissen, wie das alles funktioniert! Wenn du nicht farbenblind bist, kommst du immer gut zurecht. Den schlechten Christen fehlt es an Glauben. Warum? Weil sie keine Grundlage haben, keine Basis, keinen Unterbau und kein Fundament. Sie brauchen ein Fundament, damit sie glauben können. Woran glaubst du? Wenn du gefragt wirst, solltest du in der Lage sein, mitzuteilen, woran du glaubst. Ein Christ sollte bereit sein, falls er danach gefragt wird, ein Zeugnis zu geben. Er sollte beten. Als Christen sollten wir dazu in der Lage sein, wenn wir vor Gott bestehen wollen.

Was ist das Fundament deines Lebens? Man hört oft von Menschen den folgenden Satz: „Wenn ich nur ein Wunder sehen würde, wäre ich heute bereits ein Heiliger!“ Aber man sieht keine Wunder. Jesus kam in diese Welt und bewirkte keine Wunder als solches. Er sprach niemals: „Schaut her! Seht dieses und jenes!“ Er schrieb auch keine Schrift an den Himmel: „Ich komme bald!“ Nein! Er lebte Sein Leben vor. Er segnete die Menschen, Er diente ihnen, und das sollten die Regeln sein. Der Weinstock hat auch seine Regeln: Er muss beschnitten werden. Er muss gedüngt werden. Es muss gegen Insekten angekämpft werden. „Wenn ich nur ein Wunder sehen würde, wäre ich heute bereits ein Heiliger!“ Jesus sprach, was nachfolgend geschrieben steht: **Er aber antwortete und sprach zu ihnen: Ein böses und ehebrecherisches Geschlecht fordert ein Zeichen, und es wird ihm kein Zeichen gegeben werden außer dem Zeichen des Propheten Jona (Mt 12,39).** In die Tiefe gehen bzw. „aus dem Boot geworfen werden“, verstehst du? Ja, genau das (s. Jon 1,12a; 2,4a). Die bösen Menschen suchen immer Wunder uns sagen: „Ach, wenn ich nur ein einziges Mal sehen würde, wie ein Toter aufersteht!“ So erging es dem reichen Mann, der zu Abraham sagte: „Schicke Lazarus zu meinen Brüdern. Denn wenn sie sehen, dass ein Toter aufersteht, dann werden sie glauben.“ (Siehe Lk 16,30) Jesus sprach: „Selbst wenn ein Toter auferstünde, würden sie nicht glauben. *Sie haben Mose und die Propheten; die sollen sie hören.“* (Vgl. Lk 16,29) Das Erstaunliche daran ist, dass Wunder stattfinden, die den Menschen Tag für Tag begegnen, aber sie sind blind dafür. Du musst nur die Augen öffnen und sie reiben, dann erkennst du, wie alles grünt, blüht, wächst, leibt und lebt! Jeder einzelne Mensch erlebt tagtäglich so viele Alltagswunder! Wenn du als ein Gläubiger mit Jesus wandelst und betest, wirst du gewahr, dass du Gebetserhörungen empfängst. Aber die Schriftgelehrten und Pharisäer sagten: „Wir brauchen ein besonderes Zeichen!“ Damit sie noch scheinheiliger werden! Ja, ein Zeichen, damit sie sagen können: „Das sahen wir!“ Aber dieser Generation wird kein anderes Zeichen gegeben werden als das Zeichen des Jona (s. Lk 17,20f.). Sie wollten Wunder sehen, aber die Welt ist voller Wunder! Nicht aber so, dass eine Schrift am Himmel erscheint. Stell dir einmal vor, hier in der Gemeinde oder in einer Kapelle würde eine solche Schrift erscheinen, wie diese, über die nachfolgend geschrieben steht: **So aber lautet die Schrift, die dort geschrieben steht: Mene mene tekel u-parsin (Dan 5,25).** Diese Schrift sah Belsazar vor Augen, als er die heiligen Gefäße nahm und Gott lästerte (s. Dan 5,4f.). Ja, die Leute würden lästern! Sie würden nicht glauben, selbst dann nicht, wenn ein Toter auferstehen würde! Zur Zeit Jesu gab es einige Totenauferstehungen. Und es gab sogar Zeichen am Himmel, so z. B. eine Sonnenfinsternis. Der Himmel verdunkelte sich für drei Stunden als Jesus starb (s. Mt 27,45). Der Vorhang im Tempel zerriss (s. Mt 27,51a). Das waren für die Schriftgelehrten und Pharisäer Zeichen, aber sie wollten es weder glauben noch wahrhaben. Wenn jemand nicht glauben will, kannst du ihn nicht bekehren. Diese Menschen werden nicht gläubig. Ihr Neid wird nur noch größer und ihr Hass nur noch giftiger, und sie steigern sich in Raserei hinein. Unglaube kann nicht geheilt werden. Wer nicht glauben will, ist verstockt, bleibt verstockt und geht als Verstockter in die Ewigkeit. Es war dann ein schlechtes Leben, wenn so jemand nur Wunder erwartet und nicht sieht, was tagtäglich passiert. Jedes Mal, wenn ein Baby geboren wird, ist das ein Wunder! Wie vollkommen, wie rein und heilig es ist und wie reine und heilige Augen es hat! Es lächelt die ganze Zeit und ist glücklich. Es träumt! So ein Baby träumt mehrere hundert Male am Tag! Wir Erwachsenen träumen im Leben gar nicht mehr, und wir erleben auch gar nichts mehr. Viele Menschen werden, wenn sie Wunder sehen, noch verstockter, noch blinder, noch wahnsinniger, und fangen an, zu spinnen und Gott zu spotten und zu lästern. Sie rufen aus: „Ach, wenn ich nur ein Wunder von Gott sehen würde!“ Wir sehen doch aber so viele Wunder! Jedes Mal, wenn es regnet oder wenn die Sonne aufgeht und scheint, ist das ein Wunder! Jeder Sonnenstrahl ist ein Wunder! Jeder Schmetterling ist ein Wunder! Jeder Regenwurm ist ein Wunder! Jesus sprach, was nachfolgend geschrieben steht: **Hören sie Mose und die Propheten**

nicht, so werden sie sich auch nicht überzeugen lassen, wenn jemand von den Toten auferstünde (Lk 16,31).

Was überzeugt jemanden eigentlich? Die Ungläubigen werden immer Schwierigkeiten haben mit den Wundern Gottes. Diese Wunder kannst du nicht erklären! Aus Wasser wird Wein (s. Joh 2,10f.), und dann noch dieses und jenes. Viele Ungläubige werden „vom Teufel geritten". Sie ärgern sich und sagen: „Das ist ja noch gar nichts!" Sie denken, dass etwas Gewaltiges geschehen muss. Aber wir haben einen kindlichen Glauben. Jesus lehrte, was nachfolgend geschrieben steht: **Und sprach: Wahrlich, ich sage euch: Wenn ihr nicht umkehrt und werdet wie die Kinder, so werdet ihr nicht ins Himmelreich kommen (Mt 18,3).**

Wer vernünftig denkt, erkennt in allem Gott, so z. B. in jedem Baum: Wurzel, Stamm und Krone; oder in jedem Frühstücksei: Eigelb, Eiweiß und Eischale. Darin ist die Trinität verborgen! Wenn Leute sagen, dass sie nicht an die Dreieinigkeit glauben, so sind sie nicht imstande, die Wunder zu sehen, die uns auf Schritt und Tritt begleiten. Gott manifestiert und offenbart sich! Er will, dass wir an Ihn glauben. Alle, die zweifeln wollen, werden immer Gründe dafür finden; ja, immer. Mein Vater gab hierzu immer das folgende Statement ab: *„Wenn man einen Hund schlagen will, wird man immer einen Stock finden."* Also, wenn man zweifeln will, wird man immer ein Argument finden. Jesus spricht von dem schmalen Weg (s. Mt 7,13a.14). Das ist es, was in unserem Leben die Veränderung bewirkt.

Zunächst einmal möchte ich kurz streifen, was die Grundlagen der Gläubigen sind: Der schmale Weg! Das Fundament! Das auf Fels Gebaute! Das Gottvertrauen!, so wie es nachfolgend geschrieben steht: **Selig sind, die nicht sehen und doch glauben! (Joh 20,29b)** Das sind die Fundamente! Man sucht gar nicht erst die Wunder! Die meisten Menschen sind nur süchtig nach Wundern. Doch sie werden keine großen Wunder sehen. Ihre Augen werden gehalten, sodass sie nichts erkennen.

Bileam ging, um das Volk Gottes zu verfluchen. Der Esel sah mehr als das, was dieser professionelle Prophet Bileam erkannte. „Warum schlägst du mich? Siehst du nicht, wer hier steht und uns den Weg versperrt?“ Ein Esel, also ein Tier, sieht mehr als mancher Fromme, Gottlose und sogar als mancher Prophet (s. 4 Mose 22,27f.).

Den schmalen Weg zu erkennen, ist wichtig! Wir müssen Verzicht üben! Wenn wir im Leben nicht verzichten, werden wir nichts erreichen. Das Leben besteht aus Verzicht und Abstrichen. Wir müssen Abstriche machen an diesem und jenem. Man wird älter, man wird schwächer, man wird ärmer. Ja, wir werden in diesen schwierigen Zeiten noch viel ärmer werden! Ich spreche über die Grundlagen des Lebens. Das Wort Gottes gibt dafür die Grundlage vor. Das ist eine Sammlung von Lebenserfahrungen. Was die Völker, die vielen Menschen, erlebten, wurde gesammelt. Das sind Weisheiten, die wir verinnerlichen können.

Noah gab den Nationen Gebote, nach denen sie sich ausrichten konnten, und zwar schon so früh wie möglich. Lies einmal das 1. Buch Mose Kapitel 9. Darin sind die Regeln enthalten, wie man als Mensch lebt; nicht etwa als ein Heiliger. Gott wollte keine Heiligen haben, sondern Menschen. Wir sollen als Menschen leben. Wenn du so lebst, wie ein Mensch leben sollte, wirst du schon von selbst ein Heiliger. Der schmale Weg ist der Weg, der zum Ziel führt. Ich spreche hier über die Grundlagen des Lebens. Gott steckt uns den Rahmen vor, aber leben müssen wir darin. Die Heilige Schrift ist eine Sammlung von Erlebnissen und Erfahrungen, die Menschen all die Jahrhunderte hindurch machten. Sie ist eine Betriebsanleitung, wie man richtig und gesund lebt. Halte dich an das Wort Gottes und du wirst gesund leben. Mache dir keine Sorgen. Auch das ist eine Grundlage des Lebens. Wenn du Sorgen hast, übergib sie so schnell wie möglich dem lieben Gott. Die Bibel ist eine Gebrauchsanleitung, gleich einem Rezeptbuch für ein gutes, gesundes und glückliches Leben. Sie ist millionenfach geprüft, zerrissen, zerfetzt, zerredet, und doch immer wahr. Sie bewährte sich. Darum spricht man von der Treue Gottes. In den letzten sechs Jahren behauptete und bewies ich über 1250 Mal von diesem Pult aus, dass Gott wahrhaftig ist, dass Er lebt, dass Er auf dem Thron sitzt und regiert. Das sind die Grundlagen! Es wird nicht aufhören Saat und Ernte, bis sich das alles erfüllt hat oder solange die Erde besteht (s. 1 Mose 8,22a).

Lebe nach den bewährten Rezepten der Bibel und des Wortes Gottes. Es geht nicht darum, dass du großartig Halleluja schreist. Lebe das Wort Gottes praktisch, in kleinen Stücken, aus, und du wirst positive Erfahrungen machen. Gott schenkt immer wieder engagierte Menschen, die sich nicht nur nach ihren Gefühlen ausrichten, sondern nach dem Wissen, nach der Erkenntnis und nach dem, was sie verstanden und begriffen. Wenn du das Wort Gottes verstehst, wenn du die Weisheiten verstehst, also das, was die Alten irgendwann und irgendwo taten, wirst du Wunder in deinem praktischen Leben erfahren. Richte dich nicht nach deinen Gefühlen aus oder nach der Temperatur: „Es ist heiß!“ oder: „Es ist kalt!“ oder: „Das ist Schnee!“ oder: „Das ist dieses und jenes!“ Es ist leicht, sich immer wieder für etwas Neues zu begeistern, aber wichtig ist das Solide und das Regelmäßige. Das Regelmäßige bringt uns ans Ziel: regelmäßig atmen, regelmäßig trinken, regelmäßig essen, regelmäßig dieses und jenes tun. Das Geheimnis eines erfolgreichen Lebens liegt in der Regelmäßigkeit. Sei beständig in dem, was du tust: regelmäßig in den Gottesdienst gehen, regelmäßig die Predigten hören usw. Ich spreche über die Grundlagen des Lebens und verkündigte bereits eine Menge, wenn du korrekt alles mitgeschrieben und notiert hast. Viele ließen sich blenden, vor allem von irgendwelchen Erleuchtungen. An unserem Fernsehturm zerschellen so viele Vögel! Es sind vor allem Zugvögel, die vorbeifliegen. Er ist erleuchtet und hell, aber durch die vielen Lichter des Nachts verlieren die Vögel die Orientierung, rammen dagegen und brechen sich das Genick. Wenn du dich nur nach den Erleuchtungen ausrichtest, passiert dir das auch. Richte dich nicht nach den Erleuchtungen aus. Fliege deinen Weg als Zugvogel. Ziehe deine Straße fröhlich weiter und genieße dein Leben. Lass dir dein Genick nicht brechen! Satan möchte, dass dir das widerfährt.

Viele Menschen halten nicht bis zum Schluss durch. Bis zum Schluss durchzuhalten, das ist der schmale Weg! Es geht darum, durchzuhalten bis zum Schluss, bis man das Ziel erreicht. Neulich las ich, dass die meisten Zugvögel des Nachts fliegen. Sie fliegen also gar nicht am Tag. Nachts sind nämlich die Raubtiere und Räuber nicht da. Tagsüber rasten sie irgendwo, tanken auf und fliegen dann irgendwann weiter. Wir benötigen beides, Tag und Nacht, und wir sollen die Dinge richtig gebrauchen. Viele zogen zwar aus Ägypten aus, erreichten aber das Gelobte Land nicht, weil sie irgendwelchen Fantasien nachfolgten. Der arme Mose kam nicht zurück. Er hielt sich zu lange beim Herrn auf und währenddessen gossen sie das goldene Kalb (s. 2 Mose 32,1-4a). So viele Menschen halten nicht bis zum Schluss durch. Eine Grundlage des Lebens ist, bis zum Schluss durchzuhalten, und zwar auf Gedeih und Verderb! Kümmere dich nicht darum, was die anderen sagen bzw. darum, „wie es Mose geht“. Frage zuerst einmal: „Wie geht es mir?“ Ans Ziel gelangen nur diese, welche durchhalten, die dranbleiben, die sich weder erschüttern noch entmutigen lassen. Das sind schon vier bis fünf Grundlagen! Lasse dich nicht entmutigen! Satan will die Menschen nur entmutigen. Ans Ziel gelangen nur diese, welche Jesus richtig kennen. „Kennst du Jesus?“ Das ist eine gute Frage. Ans Ziel gelangen wir nur, wenn wir uns nicht der Welt anpassen (s. Röm 12,2). Es folgen ein paar Gedanken hinsichtlich der Grundlagen des Lebens: Wie erreiche ich das Ziel? An das Ziel gelangen oft nur Menschen, die einsam sind, die ins stille Kämmerchen gehen und mit Gott kommunizieren. Es steht geschrieben: **Wenn du aber betest, so geh in dein Kämmerlein und schließ die Tür zu und bete zu deinem Vater, der im Verborgenen ist; und dein Vater, der in das Verborgene sieht, wird dir's vergelten (Mt 6,6).** Ans Ziel gelangen nur Menschen, die bei ihren Erkenntnissen bleiben und sich nicht jeden Tag umstimmen lassen. Weiterziehen! *„Die Hunde bellen, aber die Karawane zieht weiter.“*

Bleibe in der Beziehung mit Jesus. Jesus spricht, was nachfolgend geschrieben steht: **Ich bin der Weinstock, ihr seid die Reben. Wer in mir bleibt und ich in ihm, der bringt viel Frucht; denn ohne mich könnt ihr nichts tun (Joh 15,5).** Das ist auch ein Gedanke über den Weinstock. Bleibe in Verbindung mit Gott. Das ist eine Grundlage. – Ich bin noch immer nicht bei den Geboten Noahs angelangt. – Ans Ziel gelangen nur diese, welche nicht auf ihre Leistungen schauen, sondern sagen: „Ich blicke auf Jesus! Er vollzog, vollbrachte und tat es! Alles habe ich von Ihm!" *„Ich brauch' Dich allezeit, Jesus, ja ich brauch' Dich! Ich muss Dich immer haben!"* Ans Ziel gelangen nur diese, welche an sich selbst und an dem Willen Gottes arbeiten. Ich frage immer wieder: „Vater, was ist Dein Wille?" Und: *„Dein Wille geschehe"* usw. (Siehe Mt 6,10b) Nur die Menschen, die nach dem Willen Gottes fragen, gelangen gesund und heil ans Ziel. Du solltest viel mehr nach dem Willen Gottes fragen: „Was ist der Wille Gottes für mein ganz persönliches Leben? Soll ich heiraten, soll ich ledig bleiben oder soll ich ins Kloster gehen?" Oder: „Was soll ich machen? Was soll ich essen?", auch wenn es dir vielleicht nicht schmeckt. Die Gebote Gottes erfüllen sich von selbst. Ehre Vater und Mutter, denn dann wird es dir gutgehen (s. 2 Mose 20,12; 5 Mose 5,16). Du wirst lange leben, gesund sein u. v. m. Wir sollen nicht nach unserer Lust und nach unserer Laue gehen! *„Bald ist Schluss mit lustig"*, sagte Peter Hahne einmal. Und wir sehen, wie jetzt alles teurer wird. Bald ist Schluss mit teuren Reisen und großen Unternehmungen. Ja, bald ist Schluss mit lustig! Lass dich nicht von deinen Lüsten leiten, sondern vom Wort Gottes, so wie nachfolgend geschrieben steht: **Dein Wort ist meines Fußes Leuchte und ein Licht auf meinem Wege (Ps 119,105)** sowie: **Wie wird ein junger Mann seinen Weg unsträflich gehen? Wenn er sich hält an dein Wort (Ps 119,9).** Nur Gott gibt uns eine stabile Grundlage. „Herr, was sprachst Du?" Satan muss fliehen; er muss den Schwanz einziehen und umkehren, sobald du die Worte aussprichst: *„Es steht geschrieben"* usw. „Lies es selber nach. Hier steht es schwarz auf weiß!" Du solltest ganz sicher sein und ganz genau wissen, was geschrieben steht. Wisse ganz genau, was der Wille Gottes ist. Studiere deine Bibel! Gehe auf meine Homepage. Dort findest du unsere Bibelschule.

Dort kannst du so viel lernen! Heute möchte ich dir ganz besonders die Apostelgeschichte empfehlen. Dadurch verstehst du, wie das Evangelium zu uns kam.

Die meisten wissen nicht, wer Gott ist, weil sie ihre Bibel nicht lesen. Kirchenvater Augustinus sagte einmal: *„Das Wort Gottes nicht zu kennen ist dasselbe wie Gott nicht zu kennen."* Wenn du die Bibel nicht kennst, die Zusammenhänge nicht verstehst und nicht weißt, was Gott sprach, wirst du Ihn auch nicht verstehen. Du fragst dich: „Was meint denn der Verkündiger des Evangeliums da eigentlich?" In einer alten Martin Luther Bibel finden wir im Vorwort einen wichtigen Vermerk: *„Wenn man die Bibel liest, sollte man dies auf den Knien tun."* Ja, so steht es in seinem Vorwort. Knie und bete: „Herr, rede, Dein Knecht – bzw. Deine Magd – hört!" Ja, „Dein Knecht – bzw. Deine Magd – versteht!" Ja, wir sollten kniend und betend lesen, und nicht nur kritisch. Viele Menschen kritisieren die Bibel, aber die Bibel will uns kritisieren. Es ist so wichtig, dass wir das wissen!

Gott ist das Leben. Er ist die Wirklichkeit für alles, was auf dieser Welt passiert. Gott ist die Realität. Er konfrontiert und kritisiert uns, und nicht umgekehrt, sodass etwa wir Kritik üben, wie folgt: „Das stimmt nicht. Das ist nicht wahr!" Die Bibel ist bereits millionenfach zerrissen und kritisiert von Gottesleugnern, Spöttern und Kritikern! Doch sie beweist und bewahrheitet sich immer wieder aufs Neue! Der Autor Werner Keller schrieb ein Buch, das zu einem Bestseller wurde, mit dem Titel *„Und die Bibel hat doch recht"*. Sämtliche in der Bibel enthaltenen Prophezeiungen und Katastrophen, wie z. B. die Sintflut, wies er nach! Dieses Buch ist noch im Antiquariat erhältlich. Wir hatten es damals bestellt, aber du kannst selbst eine Bestellung bei Amazon machen. Das Buch ist sehr gut zu lesen. Es wurde für die Ungläubigen geschrieben, nicht für die Gläubigen. Die Ungläubigen sollen lesen und erfahren, dass die Bibel doch recht hat. Das gilt auch in deinem persönlichen Leben und in deinen persönlichen Belangen. Gott – das sind unsere Verpflichtungen, das

Richtige zu tun, also das, was wir in unserem Inneren spüren, was uns die Natur und unser Geist sagt. Jeder Mensch hat den Geist Gottes in sich; das ist die Seele. Die Seele sagt immer die Wahrheit, weil sie von Gott ist. Höre auf diese Wahrheit! Höre auf deine Seele! „Dir geht es so, wie es deiner Seele geht", steht einmal in der Bibel (s. 3 Joh Vers 2). Was die Leute erlebten, wurde in die Bibel übertragen. Was ihre Seelen erfuhren, schrieben Menschen, getrieben vom Heiligen Geist, auf. Seit der Zeit Noahs, also seit es die Menschen nach der Sintflut gibt, erfüllt sich das Wort Gottes. Zuerst wurde alles ausgelöscht. Ich denke hier an die Sintflut: die Menschen ließen sich nichts mehr von Gott sagen (s. 1 Mose 6,5f.). Die Grundlage unseres geistlichen Lebens ist, dass wir uns wieder etwas von Gott sagen lassen und dass wir hörende Ohren und sehende Augen haben, aber am wichtigsten sind hörende Ohren, denn Gott spricht zu uns durch die Ohren. Es reicht nicht, die Sünde zu bekennen, sondern es ist wichtig, sich von der Sünde fernzuhalten, mit der Sünde zu brechen und seinen Weg zu gehen. Zu den Grundlagen des Lebens gehört, sich radikal von der Sünde zu lösen. Es ist schon eine ganze Menge, was ich verkündigt habe. Höre vielleicht noch einmal der Predigt zu. Ich bin noch nicht fertig. Löse dich von der Sünde! Brich damit! Du sagst: „Das ist unmöglich!" Aber Gott sagt: *„Geh hin und sündige hinfort nicht mehr."* (Siehe Joh 8,11c)

Die gute Nachricht ist: Jesus ist unser Trainer. Der Heilige Geist ist mit einem Masseur zu vergleichen. Jesus trainiert uns. Er ist der Meister. Höre auf Ihn. Die Menschen vor der Sintflut ließen sich von Gott nichts mehr sagen. Deshalb lässt der Herr Gerichte und Katastrophen zu und greift nicht ein. So ist es auch in unserer Zeit. Was jetzt zwischen der Ukraine und Russland stattfindet, das Chaos im Westen und andernorts, findet nur statt, weil die Menschen sich nichts mehr von Gott sagen lassen. Nur ein paar Einzelne lassen sich von Gott etwas sagen; die Mehrheit nicht. Für sie zählt nur der westliche Lebensstil. Aber der ist verdorben und versaut, und zwar von Hollywood ausgehend. Wladimir Putin sagt: „Wir wollen die Schwulen nicht haben. Wir wollen keine Weichlinge und Feiglinge, die Sex propagieren. Wir wollen anständig sein. Wir wollen wieder zur Nation, zur Realität und zur Wahrheit zurückkommen." Das wollen auch die Ungarn und die Polen. Deshalb schimpft unsere Europäische Gemeinschaft. Sie lassen sich nichts sagen. Gesetzlosigkeit wird das Zeichen der Endzeit sein. Wir erleben Gesetzlosigkeit pur! Die Menschen lassen sich nichts mehr sagen. Der Antichrist wird ein Großmaul sein und propagieren wie folgt: „Wir haben die Freiheit!" Nein, wir haben diese Freiheit nicht, sondern wir müssen nach Regeln leben! Wir müssen anständig leben! Wer nicht anständig lebt, kommt unter die Räder. Jesus zeigte uns, wie man das tut. Wir sollen für die Obrigkeit beten, damit sie uns in Ruhe lässt und wir hier die Gottesdienste halten und unsere Rechnungen bezahlen können. Dafür sollen wir beten, Gott vertrauen und sagen: „Wir machen weiter! Wir lassen uns nicht unterkriegen!" (Siehe 1 Tim 2,1f.)

Es steht geschrieben: **Ich will über deine Gebote nachdenken und mich an deine Wege halten (Ps 119,15** NLB). Über die zehn Gebote predigte ich schon oft, doch ich stellte fest, dass ich über die sieben Gebote von Noah erst einige Male predigte. Deshalb gedachte ich, es heute Abend zu tun. Ich verkündige die Wahrheit, wie es darum steht, worum es wirklich geht und was der liebe Gott will. Es geht um die Grundlagen des Lebens. Es geht also nicht nur um die Grundlagen des Glaubens und um die Grundlagen des Judentums. Die zehn Gebote wurden für die Juden verfasst. Sie haben wenig mit den Menschen des Westens zu tun. Sie beinhalten, den Sabbat und den Namen Gottes zu heiligen. Das wurde den Juden anheimgestellt.

Gott gab der Menschheit die Gebote durch Noah. Höre mir gut zu. Sage dir selbst: „Ich will über Deine Gebote nachdenken!", auch gerade hier heute Abend. Heute denke ich einmal über das 1. Buch Mose Kapitel 9 nach. Was waren die sieben Gebote? Die Christen beschlossen, während das Apostelkonzil tagte, den Christen keine unnötigen Lasten aufzuerlegen, d. h., keine Beschneidung oder dieses und jenes (s. Apg 15,19.28). Sie sagten sich: „Nein, wir wollen den Menschen nur die Gebote, die Noah gab, auferlegen!" Diese Gebote gab Gott den Menschen gleich zu Beginn der Menschheitsgeschichte, noch bevor Mose die Gesetzestafel auf dem Berg Sinai empfing (s. 2 Mose 31,18).

Lerne von dem Meister die Grundlagen des Lebens. Die Menschen haben tiefe Verletzungen, die nur heilen, wenn sie bestimmte Dinge beherzigen. Zu mir kam eine Frau, als wir gerade nach Berlin gezogen waren, und sagte: „Ich habe Selbstmordgedanken, will sterben, bin schwermütig und depressiv!" Ich betete für sie und während des Gebets zeigte mir Gott einen Teller. Daraufhin fragte ich sie: „Schwester, was isst du meistens, wenn ihr, du und dein Mann, ausgeht?" Sie sagte: „Wir essen meistens Steak medium." Das Steak enthält aber noch Blut! Gott sprach klipp und klar, dass du dich vom Blut enthalten sollst, denn im Blut ist das Leben (s. 1 Mose 9,4; Apg 15,20.29). Ich erwiderte: „Nun enthältst du dich vom Fleisch, isst nur Salat und Gemüse und wir wollen einmal sehen, was daraufhin passiert. Beten allein hilft nicht! Wir müssen Täter des Wortes Gottes werden (s. Jak 1,22a). Das machte sie dann auch. Sie aß zwar Salat und Gemüse, aber kein blutiges Steak mehr. Nach einer Weile kam sie zu mir und sagte: „Bruder Matutis, Depression und Schwermut sind gewichen!" Daraufhin sagte ich: „Nun vollziehe einmal die Gegenprobe. Denn es heißt hinsichtlich der Gebote Gottes, dass du Ihn prüfen darfst. Gehe nächste Woche mit deinem Mann aus und iss ein Steak medium wie eh und je." Nach einer Woche kam sie in die Versammlung und sagte: „Der alte Geist kam zurück." Ich sagte: „Genau so ist es. Führe also aus, was im Wort Gottes steht und du wirst Leben haben." In den Geboten sind so viele Wahrheiten enthalten, die nur getan und im Leben zur Anwendung gebracht werden müssen. Die kleinen Enttäuschungen verletzen einen Menschen. Wenn du irgendwo enttäuscht wurdest, lerne, den Ärger abzugeben. Lasse ihn los. Das lehrt die Bibel (s. 1 Petr 5,7). Konzentriere dich gar nicht so groß auf deine Probleme (s. Hebr 12,1f.).

Vor gar nicht so langer Zeit hatte ich eine Vision; eigentlich war es keine. Wir waren in einem Naturkundemuseum. Die Leute hielten sich bei den Fliegen, Mücken,

Käfern und Schmetterlingen auf. Als sie aus dem Museum traten, fragte man sie: „Habt ihr nicht die Saurier gesehen?“, und sie gaben zur Antwort: „Nein, wir sahen nur die Fliegen, Mücken, Käfer und Schmetterlinge!“ Die meisten Leute sehen nur die Kleintiere, aber den Saurier, den Elefanten und den Mammut nehmen sie nicht wahr. Es ist so wichtig – ich möchte dich hier ermutigen –, sich nicht nur auf die Kleinigkeiten zu konzentrieren, sondern auf den Saurier, den Elefanten, den Mammut, ja auf den „Satan“. Denn er ist der Urheber allen Übels. Konzentriere dich auf Gott. So viele Menschen konzentrieren sich auf die Schwierigkeiten und bekommen sie darum auch. Denke groß von Gott und denke an Seine Verheißungen: „Und ich werde euch einen Regenbogen schenken.“ (Siehe 1 Mose 9,13a) Und auch: „Die Gerichte werden nicht mehr über das Land hereinbrechen.“ (Siehe 1 Mose 9,11.15) Das sprach Gott zu Noah. Benütze deine Enttäuschungen, die dich niederdrücken, als ein Sprungbrett zu etwas Besserem. Tritt den Enttäuschungen von Anfang an entgegen. Deshalb ist im Wort Gottes Folgendes enthalten: Achte auf die Kleinigkeiten, auf das, was aufgeht, keimt und sprießt (s. Hld 2,15). Betrachte das Große. Behalte das Ziel vor Augen: „Was will der liebe Gott von mir?“ Denke über das Wesen Gottes nach, über das Große, und nicht darüber, was Satan aufbauscht, wenn er Worte wie die folgenden spricht: „Jetzt kommt die Eiszeit wieder!“

Alles in unserem Leben dient zum Besten, ganz gleich, was es ist (s. Röm 8,28a). Lebensgrundlagen: Nimm nichts zu dramatisch! Dramatisiere dein Leben nicht! So viele Menschen dramatisieren die Situation ihres Lebens: Sie sagen Worte wie „Jetzt kann ich nicht mehr glauben“, o. Ä. Du kannst immer noch glauben, und du solltest immer noch glauben! Gott gab uns die Gnade, Glauben zu können. Das Negative ist nur die Schale. Sie muss zerbrochen werden, sodass ein Küklein hervortritt, sich dreht und sich seines Lebens freut. So musst auch du „aus deiner Schale“ und aus deiner Enge ausbrechen! So viele Menschen konzentrieren sich nur auf die Nebensache und nicht auf die Hauptsache. Was ist denn die Hauptsache? – Vernimm die Grundlagen des Lebens, des Glaubens und des Geistes! – Zunächst einmal ist es die Verbindung mit Gott, also, dass du die Verbindung behältst, mit Ihm redest, sprichst und kommunizierst. Und dann, dass du auch in Verbindung mit Ihm bleibst, sowie mit dem, was Er zu dir sprach. Das Wort richtig zu gebrauchen, auch das ist so wichtig! Rede richtig! Rede vernünftig! Und sie hatten alle einerlei Sprache und wollten einen Turm bauen, der bis in den Himmel reichte (s. 1 Mose 11,6). Du kennst ja diese Geschichte. Der Herr verwirrte die Sprache, sodass sie einander nicht mehr verstanden (s. 1 Mose 11,7). Sie konnten das Werk nicht mehr ausführen (s. 1 Mose 11,8). Gott wusste ganz genau, dass, wenn sie eines Geistes sind, sie einmütig miteinander reden und sowohl einander als auch Gott verstehen, sie tun können, was sie wollen und dabei alles erreichen. Aber durch die Sprachverwirrung erreichte Gott, dass die Söhne Noahs ihr Ziel nicht verwirklichen konnten. Es ist nicht unsere Leistung!

Gott lehrt uns, das gesprochene Wort richtig anzuwenden. Den Worten „ich bin“ darf nichts Negatives folgen! So viele Menschen sind verwirrt. Der allmächtige Gott verlieh uns das Leben und wir sollen jetzt richtig leben. Hier in diesem Buch wird uns gesagt, wie das gemacht wird. Es geschehen immer nur die Worte, die du bekennst. Darum frage dich selbst zunächst einmal: „Welche Worte spreche ich aus?“ Du solltest einmal ein Tonbandgerät laufen lassen, das aufnimmt, was du fortwährend sprichst. Du wirst schockiert sein darüber, was du andauernd alles so plapperst! Die Bibel sagt, dass wir nicht plappern sollen wie die Heiden (s. Mt 6,7a).

Hilf mir mit, dass die Predigten weiterverbreitet werden. Ich will nicht nur predigen, sondern wünsche mir, dass das Wort Gottes in Umlauf gebracht wird. „Das Wort Gottes kommt nicht leer zurück“, verkündigte ich neulich. Es bewirkt, was Gott sich vornahm (s. Jes 55,11). Unterstütze uns, wo du nur kannst. Bete für uns, dass der Herr es den Richtigen zuteilwerden lässt, denen, die es benötigen. Jene, die es nicht benötigen, sollen es unbeachtet lassen. Aber diese, die es benötigen, sollen es zur Anwendung bringen. Hilf uns, dass wir auch weiter Gottes Wort verbreiten können durch Anzeigen oder auf anderen Wegen. Denn gemeinsam wollen wir nach dem Reich Gottes trachten. Auch das ist ein Lebensstil! Trachte nach dem Reich Gottes (s. Mt 6,33a), was auch immer das für dich heißt. Der eine predigt, der andere „begießt", der andere „jätet", wieder ein anderer führt diese oder jene Arbeit aus; der eine sät und der andere erntet (s. Röm 12,4ff.; 1 Kor 3,7-8a; 1 Kor 12,4-6). Natürlich ist der Glückliche dieser, der ernten darf. Doch wir haben alle eine Aufgabe. Noch viele Menschen müssen mit dem Willen Gottes konfrontiert werden; mit dem Gebot Gottes: „Was sprach Er? Was ließ Er schreiben? Was teilte Er uns mit?" Jesus befahl Seinen Jüngern, was nachfolgend geschrieben steht: **Und er sprach zu ihnen: Gehet hin in alle Welt und predigt das Evangelium aller Kreatur (Mk 16,15).** Das tun wir gerade, und zwar über das Internet. Ich versuche, das Evangelium immer wieder weiterzugeben durch Werbung u. v. m. Bis Weihnachten bezahlten wir unsere Anzeigen, damit es uns gelingt, in Österreich, in der Schweiz, in Deutschland und in dem gesamten deutschsprachigen Raum Werbung dafür zu machen. Es kommt gut an! Ich erlebe immer wieder, dass uns Leute, die aus diesem Bereich kommen, Feedbacks geben, wie z. B. diese hier: „Ich ließ mich taufen" oder, „ich nahm den Heiland an und jetzt verstehe ich die Bibel erst richtig." Ich freue mich, wenn ein Mensch durch meine Arbeit, durch die vielen Predigten, in den Himmel kommt! Dafür bin ich Gott dankbar! Wir können also weiterarbeiten. Nicht alle können evangelisieren. Etliche können geben, etliche können beten, etliche können die Sache unterstützen, wie auch immer, weil sie sich mit der Technik auskennen, andere können etwas tun, indem sie einander ermutigen, damit der Wille Gottes geschieht. Wir alle haben den Auftrag, den Willen Gottes auszuleben. Ich möchte nicht einmal in der Ewigkeit mit leeren Händen vor Gott stehen, sondern wenigstens eine einzige Seele in den Himmel gebracht haben. Ein Jesuitenpater sagte einmal: *„Wenn ich nur eine Seele rette, habe ich die ganze Welt gerettet."* Bei Gott ist eine Seele wichtiger als alle Schätze und Reichtümer dieser Welt.

Ich nehme das Thema wieder auf und kehre zu Noah zurück: Es gibt einige Gebote und Grundsätze Gottes, die in der Bibel stehen. Jesus nahm die Bergpredigt, um „das Sozialprogramm des Herrn" zu vermitteln, das beinhaltet, wie Christen sich verhalten sollen. Sie sollen einander vergeben, einander segnen, einander dienen. Diese Verse, die als Seligpreisungen bezeichnet werden, enthalten Folgendes: „Wenn du dieses und jenes tust, wirst du gesegnet sein." (Siehe Mt 5,1-12; vgl. dazu 5 Mose 28,1-14) „Wenn du jedoch dieses und jenes nicht tust, dann stagniert alles bei dir." (Siehe 5 Mose 28,15-68) Ja, dann findet bei dir nichts statt. Und dann gibt es noch die bereits erwähnten zehn Gebote.

Heute geht es um die sieben Gebote Noahs: Das erste lautet wie folgt: „Glaube an Gott und bete keine Götzen an." (Siehe Ps 103,11-13) Also, enthaltet euch vom Götzendienst, was das auch immer bedeutet. Es gibt keine Götzen, aber es gibt Götzendiener! Das sind Menschen, die Götzen anbeten und ihnen dienen. Die Welt entstand nicht durch Zufall. Gott sitzt immer noch im Regiment. Er ist das höchste Wesen, die höchste Autorität. Du sollst keinen Götzendienst betreiben! Wie viele Menschen betreiben Götzendienst. Sie beten den Materialismus und den Mammon an. Doch das Geld wird knapper und die Götzen werden fallen; der Materialismus wird fallen. Der ganze Konsum wird fallen. Das Nichterkennen Gottes ist Götzendienst. Das ist das Hauptproblem der Menschen. Und sie ehrten Gott nicht, wie nachfolgend geschrieben steht: **Denn obwohl sie von Gott wussten, haben sie ihn nicht als Gott gepriesen noch ihm gedankt, sondern sind dem Nichtigen verfallen in ihren Gedanken, und ihr unverständiges Herz ist verfinstert. Die sich für Weise hielten, sind zu Narren geworden und haben die Herrlichkeit des unvergänglichen Gottes vertauscht mit einem Bild gleich dem eines vergänglichen Menschen und der Vögel und der vierfüßigen und der kriechenden Tiere (Röm 1,21-23).** Sie dankten Gott nicht! Das teile ich auch dir mit. Du wirst ein Spezialist im Jammern werden. Weil sie Gott nicht ehrten und weil sie Ihm nicht dankten, gab Er sie dahin, wie nachfolgend geschrieben steht: **Darum**

hat Gott sie in den Begierden ihrer Herzen dahingegeben in die Unreinheit, sodass sie ihre Leiber selbst entehren. Sie haben Gottes Wahrheit in Lüge verkehrt und das Geschöpf verehrt und ihm gedient statt dem Schöpfer, der gelobt ist in Ewigkeit. Amen (Röm 1,24f.).

Das zweite Gebot beinhaltet Respekt und Lob dem Herrn. Wir sollen Gott nicht lästern (vgl. 1 Mose 9,22). Das schärfte Noah seinen Söhnen ein (vgl. 1 Mose 9,25). Er verbot ihnen, Gott zu lästern, in welcher Form auch immer. Das ist Blasphemie! Aber wir sehen, dass bis heute Lästerung wider den Herrn getrieben wird. Von Hollywood aus wird die Sünde groß gemacht. Im Vaterunser lehrt Jesus uns, zu beten wie folgt: *„Dein Name werde geheiligt."* (Siehe Mt 6,9b). Und ich möchte von diesem Platz aus den Namen Gottes heiligen! Das ist mir so wichtig! Was die Welt tut, was die Politiker tun, ist mir einerlei: die Regenbogenfarben über dem Reichstag, die Homosexuellen, die durch die Straßen ziehen u. v. m. Ich habe nichts gegen sie, von mir aus sollen sie ihr Treiben fortsetzen, sie können tun und lassen, was sie wollen. Aber ich möchte einfach Gott loben und preisen! Ich möchte Ihm alle Ehre geben und nicht irgendeiner Philosophie. Luzifer war berufen, Gott zu loben und zu preisen. Das war sein Beruf; seine Aufgabe. Doch nun versucht er, Gott schlechtzumachen, Seinen Namen zu lästern, Ihn in den Schmutz zu ziehen und zu verwerfen. Der Antichrist, der bald über die Erde kommt, wird der größte Lästerer Gottes sein. Er ist der Räuber alles Göttlichen. Luzifer sollte Gott loben und preisen! Er war der Anbetungsengel Gottes! Doch was treibt er jetzt? Er zieht alles Heilige in den Schmutz! Wahres Christentum ist, selbst zu denken und Gott allein die Ehre zu geben. Fange an, selbst zu denken an dem Platz, wo du stehst oder sitzt. Die Grundlagen des Lebens sind die Gebote Gottes. Er sprach: *„Du sollst den Namen des HERRN, deines Gottes, nicht missbrauchen."* (Siehe 2 Mose 20,7a) Es wird nicht ungestraft bleiben. Denjenigen, die wider den Herrn lästern, wird von Gott, vom Leben selbst, eine Bürde auferlegt. Das Leben rächt sich dann (s. 3 Mose 24,16; Offb 16,9). Ja, die Grundlagen des Lebens sind die Gebote Gottes. Sie bedeuten, dass du die schlechten Worte und Nachrichten wider den Herrn bekämpfst. Dieser Prozess beginnt zunächst einmal in dir selbst und wirkt sich dann in deiner Umgebung aus. Ich erinnere mich daran, dass die Bayern ganz schön fluchen können. Sie benützen dann Schimpfworte wie folgt: „Jesses Maria!“ Dadurch werden Jesus und Maria verlästert! Wie oft rutscht das doch den Leuten heraus! Als das meinem Kollegen einmal aus Versehen passierte, teilte ich ihm das Folgende mit: „Franz, in meiner Umgebung wird nicht geflucht!“ Wenn etwas Negatives stattfindet, man sich aus Versehen auf den Finger klopft o. Ä., wird gleich gespottet, gelästert und geschimpft, wie z. B.: „Pfui Teufel!“ Dadurch wird Satan angerufen! Das sprach sich damals gleich herum. Man sagte: „In der Nähe von Herrn Matutis darf man nicht spotten und lästern wider die Gottheit!“ Man darf auch Satan nicht lästern! Der Erzengel Michael wagte es nicht, Satan zu lästern. Er sprach nur: *„Der Herr strafe dich!“* (Siehe Jud V. 9) Der liebe Gott wird mit Satan fertig. Du musst dich nicht mit ihm anlegen. Also, lästere den Namen Gottes nicht, in welcher Form auch immer das stattfindet. Wir sind dazu berufen, vor Gott demütig und untertänig zu sein. Wenn wir das tun, weicht Satan von mir, von dir und von uns allen. Die Bibel weist ganz klar an, was wir zu tun und zu lassen haben, um glücklich, gesegnet und stark zu sein; stark in Gott.

Das dritte Gebot lautet, Respekt vor dem Leben zu haben. Wir sollen nicht morden (s. 1 Mose 9,6a). Dieses Gebot gab Noah seinen Söhnen. Ja, das Leben! Diese übernatürliche Zusammensetzung: unser Leib – dieser physische Körper – ist der Tempel meiner Seele und meines Geistes. Seele, Geist und Leib gehören unzertrennbar zusammen. Das Irdische, das Himmlische und das Göttliche gehört zusammen. Das muss auch so bleiben! Wer den Tempel verdirbt, den wird Gott verderben (s. 1 Kor 3,17a). Es ist absolut verboten, eine unschuldige Person zu töten. Jeder Krieg ist ein Verbrechen. Auch Abtreibung ist Mord. Gott will, dass du lebst und das Menschenleben am Leben lässt. Auch das kleine Embryo schuf Gott. Es soll vom Menschen beschützt werden. Auch den Mord an Embryonen untersagte der Herr. *„Du sollst nicht töten.“* (Siehe 2 Mose 20,13; Mk 10,19a; Röm 13,9b) Wenn aber das

Leben der Mutter gefährdet ist, wird dieses Gebot außer Kraft gesetzt. Solange jedoch alles natürlich verläuft, gibt es keine Einwände wider dieses Gebot, und es muss eingehalten werden.

Das vierte Gebot, das Gott dem Noah gab, lautet wie folgt: Respekt vor der Familie. „Du sollst nicht Unzucht treiben." Das ist das nächste Gebot, welches Er uns verlieh. Die meisten Leute verstehen nicht, was Unzucht ist. Mit dem ersten Mal, da „Unzucht" im Wort Gottes erwähnt wird, ist die Vermischung der Völker gemeint; die Rassenvermischung. Gott schuf Sem, Ham und Jafet. Jeder bekam von Gott eine bestimmte Aufgabe zugewiesen, ein bestimmtes Gebiet (s. 1 Mose 10,21.30; 1 Mose 10,6.10; 1 Mose 10,2.5). Gott verbot Vermischung (s. 1 Mose 1,25a; 3 Mose 19,19; 3 Mose 20,24b; 5 Mose 7,3-4a; Neh 13,3). Satan vermischt alles, damit die Menschen entwurzelt werden und keinen Halt, keine Heimat und keine Herde mehr haben. Das Grundbedürfnis des Menschen ist, Liebe durch körperliche Nähe in einer sicheren, dauerhaften Beziehung zu erleben und sich fortzupflanzen (s. 1 Mose 2,24, 1 Mose 1, 28a; Mt 19,4-6).

Das fünfte Gebot lautet wie folgt: Respekt vor dem Eigentum des anderen. „Du sollst nicht stehlen, was dem anderen zugeteilt wurde." Du sollst niemanden berauben. Bei Gott gebührt jedem Menschen das Eigentum. Das Eigentum ist Gott heilig. Das, was dir gehört – und wenn es auch nur ein paar Lappen sind oder das letzte Hemd –, das gehört dir. Niemand darf es dir wegnehmen. Das gab Gott dir. Jeder Mensch erhält von Gott gerade so viel, dass es für ihn und seine Familie genügt, damit diese zur Vollkommenheit und Vollendung gelangt. Ihm wird eben das zuteil, was er benötigt, um die Welt zu gestalten. Jedem gibt Er soviel, wie er benötigt. Deshalb sollst du die anderen nicht bestehlen (s. 2 Mose 20,15; 3 Mose 19,11a). So viele Menschen stehlen! Kapitalismus ist Diebstahl. Der Kapitalismus lebt vom Diebstahl; das ist Ausnutzung der Armen! Unterdrückung, Versklavung und Ausbeutung der Menschen ist Kapitalismus. Die Ausbeutung der Menschen in Großbritannien: Man ehrt die

Queen, aber an ihren Händen, an ihrer Krone, klebt millionenfach das Blut der Sklaven! Es wurde die Ausbeutung und Ausplünderung der Armen vollzogen! Ganze Völker wurden massakriert und enteignet! Genau das ist es eben, was Gott verbot. Jeder soll so viel haben, dass er genug hat. Eine wissenschaftliche Studie ergab, dass die Welt ruhig und getrost mehr als zwanzig Milliarden Menschen ernähren könnte, wenn die Lebensmittel gerecht verteilt wären. Derzeit werden nicht einmal sieben oder acht Milliarden Menschen satt! Ja, das fände statt, wenn die Lebensmittel richtig verteilt wären. Aber stattdessen werden die einen immer reicher und die anderen immer ärmer.

Das sechste Gebot ist, Gesetze erschaffen und Gerechtigkeit üben. Der Gläubige soll nach der Gerechtigkeit trachten. Das geht aus der Bibel hervor. Jesus sprach, was nachfolgend geschrieben steht: **Trachtet zuerst nach dem Reich Gottes und nach seiner Gerechtigkeit, so wird euch das alles zufallen (Mt 6,33).** Das Reich Gottes besteht aus Gerechtigkeit, aber wie viel Ungerechtigkeit finden wir in den christlichen Gemeinden vor? Schau dich nur einmal um und beobachte die Menschen; das christliche Abendland. Gott gibt das christliche Abendland dahin! Warum? Weil es auf Ungerechtigkeit und Lügen aufgebaut ist! Seit der Französischen Revolution, da man Gott entthronte und absetzte, die Kirchen plünderte und ausraubte und die Ausrichtung nach Gottes Geboten fehlging, gab der Herr das christliche Abendland, den ganzen Westen, dahin, noch bevor es sich richtig durchgesetzt hatte! Warum? Weil sie sich nicht an die Gesetze und Gebote Gottes hielten. Gott will der Vater aller Menschen sein! Er will, dass allen Menschen geholfen werde (s. 1 Tim 2,4). Allen, ja, allen!, sprich, auch den Armen, die irgendwo in Afrika oder auf einer fernen Insel als Eingeborene leben. Sie sollen nicht ausgebeutet werden. Jeder soll so viel haben, dass er genug hat (s. Joh 10,10b). Sein Wille ist, dass alle Menschen geschützt werden. Das gilt für Mensch und Tier. Die Eingeborenen sind vernünftiger als alle zivilisierten Menschen, denn wenn sie ein Tier töten, treten sie ihm respektvoll entgegen und sprechen ein Gebet. Der Jäger nimmt den Hut ab, verneigt sich und sagt: „Tierchen, ich musste dich töten, damit wir etwas zu essen haben und überleben." Das ist berechtigt. Eigentlich schuf uns Gott als Körner-Esser, nicht als Fleisch-Esser. Das geht aus dem 1. Buch Mose Kapitel 1 Vers 29 hervor. Unser Gebiss ist eigentlich nicht für Fleisch geschaffen, sondern für Körner. Doch Gott stimmte zu und bewilligte, dass alle Menschen, die nach der Sintflut leben, Fleisch essen (s. 1 Mose 9,2f.). Gott will, dass alles ordnungsgemäß abläuft, dass Gesetze bestehen, die die Ordnung gewährleisten, und auch, dass man Ehrfurcht vor dem Leben – ob Mensch, Tier oder Pflanze – hat. Lies das jüdische Gesetz, die zehn Gebote und Regeln, wie man die Tiere behandeln soll. Du sollst die Tiere nicht quälen (s. 2 Mose 23,4f.). Alles, was wir tun, trifft uns selbst. Dadurch versündigen wir uns an Gott. Quäle die Tiere nicht! Die folgende Geschichte, die sich in Italien zutrug, ging um die Welt: Ein Vogelhändler hatte drei hübsche Töchter, die eine wunderbare Stimme besaßen. Doch alle drei Mädchen waren blind! Eine davon kam sogar ganz ohne Augen auf die Welt. Als man der Sache nachging, um herauszufinden, warum sich das so verhielt, stellte man fest, dass deren Vater, der ein Vogelhändler war, den Singvögeln die Augen ausgestochen hatte, damit sie besser sangen. Das ist Tierquälerei! Die Natur rächt sich. Gestern sprach ich über die Muslime. In ihrer Schrift ist verfasst, dass an jedem Grashalm ein Engel sitzt und über den Halm wacht, ihn hochzieht und sagt: „Halm, wachse, wachse wachse!" So wurde auch jedem Tier ein Engel zugeteilt. Denke an den Esel Bileams, der auf einmal die Worte sprach: „Siehst du nicht den Engel?" Nicht nur etwa die kleinen Kindern werden von einem Engel beschützt, sondern auch die Tiere und Pflanzen. Gott hat Engelscharen, denen alles Mögliche zugewiesen wurde. Deshalb quäle die Tiere nicht! Du solltest grundsätzlich Respekt vor dem Leben haben. Das geht aus dem sechsten Gebot hervor. Die Gesetze wurden geschaffen, um Gerechtigkeit und Ordnung in dieser Welt zu gewährleisten.

Du sollst nicht begehren – auch das gehört zu den Geboten Gottes –, was der andere hat, was der andere kann, was der andere ist. Gewähre es ihm! Was der andere hat, ist

Gottes Geschöpf oder Gottes Werk. Gönne es ihm! Bete und segne diese Person. Du solltest den anderen nicht beneiden. Eifersucht ist eines der größten Probleme, die dem Menschen inne ist. Das gilt nicht nur für das Christentum, sondern prinzipiell. Wenn ich nur an die Germanen denke, die harte Gesetze gegen Neid und Eifersucht haben u. v. m. Ein anderes Problem der Menschen, ist Stolz: „Ich bin besser als alle anderen!" Wir kamen nackt zur Welt und verlassen sie auch nackt (s. Hiob 1,21a). Bilde dir nichts ein. Gerade als Christ solltest du demütiger sein als alle Menschen zusammen (s. Röm 12,3a). Bete: „Himmlischer Vater, ich danke Dir, dass ich nichts kann, nichts bin und nichts habe! Alles, Herr, bist Du!"

Das siebte Gebot lautet wie folgt: Respekt vor der Schöpfung. Ich verkündete bereits, dass man die Tiere nicht quälen darf. Das Grundgesetz der Güte bezieht sich sowohl auf die Tiere als auch auf unser Umfeld. Gott schuf alles zu unserem Wohl, auf dass es uns gutgehe und wir Spaß und Freude haben. Wir sollen die Tiere nicht quälen. Im Alten Testament verordnet Gott den Menschen, kein Fleisch zu essen. Aber durch Noah setzten die Menschen durch, dass sie trotzdem Fleisch zu sich nahmen. Und wir sollen aufhören – lies dazu die Speisegesetze (s. 3 Mose 11,1-47) –, die Tiere zu quälen! Die Froschschenkel dürfen nicht am lebendigen Leib verzehrt werden. Das ist Tierquälerei! Auch der Hummer soll nicht lebendig verspeist werden. Das steht in der Heiligen Schrift. Lies es nach (s. 3 Mose 11,10-12). Gott liebt die Tiere genauso wie uns Menschen. Sie sind Seine Schöpfung und Seine Kreation.

Unsere geistliche Gesundheit: Wir sollen Verzicht üben, wie nachfolgend geschrieben steht: **<u>Dass ihr euch enthaltet vom Götzenopferfleisch und vom Blut und vom Erstickten und von Unzucht (Apg 15,29a).</u>** Das verordneten die Apostel den Christen. Übe Enthaltsamkeit! Du musst keinen Hummer am lebendigen Leib verzehren. Du bist kein Kannibale. Sonst wandere nach Neuseeland aus oder setze über auf die Papua-Insel. Gott verlieh uns die Natur. Er lässt sich nicht spotten. Erinnere dich an den Vogelhändler, der den Vögelchen die Augen ausstach, damit sie besser singen und zum Verkauf angeboten werden konnten (s. Gal 6,7). Die Natur rächt sich. Gott selbst rächt sich. Er spricht: *„Die Rache ist mein"*. (Siehe 5 Mose 32,35a; Röm 12,19) Du musst weder jemanden rächen noch richten. Die Natur richtet sich selbst. Der Mensch schadet sich selbst; er betreibt Raubbau an der Natur, und die Folge ist, was wir vor Augen sehen: eine Klimakatastrophe, sodass die Menschen die Straßen plakatieren und vor dem Parlament sowie allerorts demonstrieren: „Wir haben keine Zeit!" Alles rächt sich bitter! Das macht uns das derzeitige Klimadrama bewusst! Das gesamte Weltgeschehen beruht auf Wohltätigkeit, Liebenswürdigkeit und Liebe. Dafür sind die Menschen bestimmt. So legte sie der Herr an. Gott schuf die Menschen nach Seinem Bilde (s. 1 Mose 1,26a; 1 Mose 9,6b), und Gott ist Liebe, Güte und Barmherzigkeit. Er verlieh uns Seine Seele und hauchte uns Seinen Odem ein (s. 1 Mose 2,7). Mit dem von Ihm Verliehenen sollen wir richtig umgehen, handeln und hantieren, und zwar Ihm zur Ehre, zum Lob und zum Preis (s. 1 Kor 10,31). Alles zu Seiner Verherrlichung! Wir sollen Seine Schöpfung lieben! Gott bewahrte Daniel in der Löwengrube (s. Dan 6,23). Warum? Weil Daniel ein ganz anderer Mensch war. Er hatte die Weisheit und die Liebe Gottes in sich. Deshalb taten sie ihm nichts. Aber die anderen wurden zermalmt noch bevor sie den Boden der Löwengrube erreichten (s. Dan 6,25). Die Natur rächt sich an allem Bösen. Pass auf, was da noch alles passieren wird.

Gott gab uns eine Seele. – Ich spreche über die Grundlagen des Lebens. – Es ist nichtig, was du leistest, denn es wird dir gegeben. Lebe und handle danach. Sage: „Gott will nicht, dass ich die Tiere quäle oder dass ich sie überfordere." Ein Pferd wurde uns zur Arbeit gegeben, damit es uns transportiert und weiterbringt. Gott gab uns diese Dinge gern, denn wir sollen uns des Lebens freuen. Aber wir sollen nicht die Tiere quälen! Manche Leute sind unverschämt. Sie schächten Tiere auf und lassen sie auf der Weide liegen. Das passiert auch hierzulande. Im Raum Brandenburg wurde ein Pferd geschächtet. Ihm wurde aus Spaß, nur um es zu quälen, der Bauch aufgeschlitzt. Du siehst: ohne Gott und ohne Gesetz wird der Mensch zu einer Bestie.

Das Gute, das Gott uns erweist, sollen wir mit Freuden genießen und danken: „Tierchen, ich musste dich erschießen, damit ich etwas zu essen habe." Auch für die Pflanzen sollen wir Gott danken. Er ließ die Pflanzen aufgehen. Danke Gott für alles Mögliche: für den Kürbis, die Tomate, die Kartoffel, den Mais u. v. m. Wir sollen Gott danken, denn die Seele soll glücklich sein und sich wohlfühlen. Dir soll es so gehen, wie es deiner Seele geht. Mache dir bewusst, wie es der Frau erging, die Depressionen und Anfälle von Schwermut bekam. Das Leben ist im Blut (s. 3 Mose 17,11a). Sehr viele Probleme, die es heute gibt, sind mit Blut in einem Zusammenhang zu sehen, denn im Blut pulsiert das Leben. Enthalte dich davon (s. 1 Mose 9,4; Apg 15,29a). Ich esse keine Blutwurst. Das teile ich dir in aller Liebe mit. Wenn du willst, iss sie. Auch das ist ein Teil der Rede, die die Apostel verkündigten (s. Apg 15,7-21). Die Leute möchten Gebetserhörungen und die Herrlichkeit des Herrn erfahren und erleben, aber sie tun nicht, was Er zu ihnen spricht! Da sind sie noch schlimmer als die Heiden! Die Christen, die aus dem Heidentum kamen, beherzigten Sein Wort, sich von dem Erstickten fernzuhalten, und bedankten sich dafür, dass ihnen nicht noch mehr auferlegt wurde (s. Apg 15,31). Sich zu enthalten, ist nicht schwer. Die Gebote Gottes sind nicht schwer. Du musst sie nur einhalten. Wir sollen ganz gewiss annehmen, was Er zu uns spricht! *„Was Er euch sagt, das tut."* (Siehe Joh 2,5) Nicht nur etwa: „Schöpft Wasser und füllt die Wasserkrüge mit Wasser" (s. Joh 2,7a, 8a), damit daraus Wein wird, sondern vor allem, damit es uns wohlergeht (s. Apg 15,29c).

In dieser Zeit, solange ein Menschenleben währt, muss die Seele die Gebote Gottes beachten! Während die Welt den Menschen zum Materialismus zieht, möchte der Heilige Geist ihn nach oben ziehen, sodass er ausruft: „Lieber Gott, ich möchte Dir gefallen. Ich möchte nach Deinem Willen leben und Deinen Willen tun." Eine Gesellschaft ohne Wohltätigkeit könnte aussehen wie in Russland, da Josef Stalin im Regiment saß. Da hieß es: *„Wer nicht arbeitet, soll auch nicht essen."* Oder sie könnte auch so aussehen, wie zur Zeit des Nazireichs: Jeder, der der Gesellschaft keinen Nutzen brachte, hatte kein Existenzrecht. Jeder Mensch – jede Seele – hat aber ein Existenzrecht, auch dieser, welcher arm an Geist oder wie auch immer andersartig ist. Alle haben ein Existenzrecht, und wir sollen alle leben lassen. Ich bin Gott dankbar für einen jeden! In der Psychiatrie Weinsberg, in der ich einmal war, um jemanden zu besuchen, stand ein Mann auf dem Parkplatz, der geisteskrank war. Er sagte: „Mein Herr, könnten Sie mir bitte sagen, wie spät es ist?“, und ich teilte ihm die genaue Uhrzeit mit. An der Rezeption begegnete ich ihm dann wieder. Er stellte mir die gleiche Frage. Erneut teilte ich ihm die Uhrzeit mit. Ich wusste nun schon, was es damit auf sich hatte. Als ich zu meinem Parkplatz zurückging, begegnete ich ihm wieder. Abermals stellte er mir die Frage: „Mein Herr, können Sie mir bitte sagen, wie spät es ist?“ Und dieser Narr – Entschuldigung, es war kein Narr, sondern er war gescheiter als so manche gebildete Person! – rief, nachdem ich ihm die Uhrzeit gesagt hatte: „Mein Herr, es wird immer später!“

Unser deutscher Kaiser wollte sich damals einen Eindruck darüber verschaffen, wie die Leute in der Stiftung zu Lobetal von Friedrich von Bodelschwingh angenommen und betreut werden. Er klopfte einem Narren, wenn ich das so sagen darf, einem geistig behinderten Mann, der gerade eine Gartenarbeit ausführte, auf die Schulter und sprach: „Ich bin Kaiser Friedrich Wilhelm der soundsovielte“, und er zählte sämtliche Ehrennamen und Titel auf. Da keine Reaktion erfolgte, unternahm er einen zweiten Versuch; er klopfte ein weiteres Mal auf dessen Schulter und wiederholte seine Worte noch einmal. Daraufhin richtete sich dieser Narr auf, stellte sich aufrecht vor den Kaiser hin und sagte: „Mein Bruder, so fing es bei mir auch an!“ Der Kaiser ging eilends davon, damit ja keiner eine Notiz davon nahm. „Also, ich bin dieser und jener!“ Viele Leute bilden sich etwas ein! Wohltätigkeit muss nicht unbedingt etwas mit finanziellen Mitteln zu tun haben, sondern man nützt die Gelegenheit, den Schwachen und Armen zu dienen, sie in Ehren zu halten, und man nützt dafür jede Gelegenheit, die sich bietet. Wir sind auf Erden, um unseren Charakter zu entwickeln und zu entfalten. Du brauchst nicht viel Geld, um ein nobler Mensch zu werden; du brauchst nur wenig: ein wenig Lächeln, ein wenig Frohsinn. Seine Reaktion war: „Bruder, so fing es bei mir auch an!", und der gute Mann war bedient. Tätige einen Krankenbesuch. In unserer Gesellschaft ist es in christlichen Kreisen nicht populär, dass man Kranke in Ehren hält, sie achtet und respektvoll mit ihnen umgeht. Mit Krankheit umzugehen ist auch ein Dienst Gottes, den der Herr uns lehrt. Nachdem wir nach Berlin gezogen waren, wollte ich eine Schwester aus meiner ehemaligen Gemeinde besuchen. Eine andere Tür in demselben Flur öffnete sich und eine Frau, die im Rollstuhl saß, sprach mich mit den Worten an: „Es ist schön, dass Sie die Frau soundso besuchen." Sie gehörte einer Gemeinde des Stadtbezirks Charlottenburg an, in der Fernsehaufnahmen gemacht wurden. Dort sagte man zu ihr: „Schwester, du darfst nicht in unsere Gemeinde kommen, denn es ist nicht gut, Behinderte im Rollstuhl zu sehen. Was würde man denn dann nur von uns denken?" Aber gerade diese Menschen, die Lahmen, die Kranken, die Blinden usw., gehören in die Gemeinde! Sie bekam Gemeindeverbot, weil sie nicht populär sei, wie man ihr mitteilte. Sie wollten nur junge, adrette Mädchen und Kerle präsentieren, um ein gutes Bild abzugeben. Doch das Bild Jesu beinhaltet, was nachfolgend geschrieben steht: **Denn der Menschensohn ist gekommen, zu suchen und selig zu machen, was verloren ist (Lk 19,10).** Gott liebt die Schwachen und die Gebrechlichen, und nicht etwa, dass man feststellt: „Das ist ein unwertes Leben!" Du kannst irgendetwas tun, z. B. einen Krankenbesuch tätigen. Verwirkliche Gott in deinem Leben, indem du Seine Gebote befolgst. Das ist so einfach! Tue einfach, was Er zu dir spricht (s. Joh 2,5; Jak 1,22a). Gehorche Seiner Stimme. Du fragst: „Wozu und wofür soll ich etwas tun?" Jeder Mensch, der es will, kann die Gebote Gottes befolgen. Er muss kein Theologe sein. Befolge Gottes Wort und du kannst deine Gesundheit entfalten, du kannst es zu Wohlstand bringen, du kannst Erfolg haben. Fange an, positiv zu reden und zu handeln. Beginne damit, jemanden zu segnen. Wenn du jemanden segnest, so gibst du etwas von dir weiter und es kommt wieder etwas Frisches zu dir zurück; es wird etwas nachgeliefert. Das ist so schön zu wissen! Befolge Gottes Wort und du rückst plötzlich zum Glauben, in den Himmel und zur Seligkeit vor! Folge den sieben

Geboten Noahs, und der Herr wird dein Gebet erhören. Übe Verzicht! Enthalte dich und meide dieses und jenes. Die Gebote Noahs wurden den Heiden gegeben bevor es Abraham gab, bevor es Mose gab, bevor Jesus kam, bevor das Gesetz gegeben wurde. Gott verlieh diese Gesetze den Menschen Jahrhunderte und Jahrtausende zuvor.

Gebet: Heute bete ich einmal anders, und zwar mit dem Psalm 71 und den darauffolgenden Versen, die geschrieben stehen, siehe hier: **Denn du bist meine Hoffnung, Herr und GOTT, meine Zuversicht von Jugend auf. Vom Mutterleib an habe ich mich auf dich gestützt, aus dem Schoß meiner Mutter hast du mich entbunden, dir gilt mein Lobpreis allezeit. Für viele wurde ich wie ein Gezeichneter, du aber bist meine starke Zuflucht. Mein Mund ist erfüllt von deinem Lobpreis Lob, den ganzen Tag von deinem Glanz. Verwirf mich nicht, wenn ich alt bin, verlass mich nicht, wenn meine Kräfte schwinden! (Ps 71,5-9** EU) Herr, segne meine Zuhörer, wo auch immer sie sich gerade jetzt weltweit befinden; und alle, die uns in unserer Arbeit unterstützen, segne ganz besonders, damit sie das auch weiterhin Dir zur Ehre und zum Lob tun können. Halleluja! Amen

Teil 3

Predigt von Pastor Joh. W.Matutis

„Begreife die Wahrheit“

Begreife die Wahrheit

Begreife die Wahrheit! „Was ist die Wahrheit?“ Das war die Frage, die Pilatus stellte. Als Jesus vor ihm stand, fragte er: *„Was ist denn die Wahrheit?“* (Siehe Joh 18,38a DBU) Bist du richtig? Bin ich richtig? Wer ist jetzt überhaupt richtig? Die Wahrheit, die dich befreit – es ist so wichtig, dass du sie kennst! Wir hörten und sangen ein anderes Lied vor Kurzem, das wie folgt lautet: *„Die Wahrheit gibt es nur dort oben“* usw. Wenn du beim himmlischen Vater ankommst, wirst du die Wahrheit erfahren. Dann wirst du auf tausend Fragen keine einzige Antwort wissen (s. Hiob 9,3 NLB). Nach dem Tod gibt es die Wahrheit. Die Wahrheit tritt immer ans Licht; darauf kannst du dich gefasst machen. Dort wirst du alles erfahren. Dort wird alles offenbar werden. Ja, in der Ewigkeit tritt alles zutage. Was ist die Wahrheit? Viele Leute fragen: „Welche Gemeinde ist die richtige? Welche Predigt ist die richtige? Welche Bibel ist die richtige?“ Es gibt so viele Bibelübersetzungen; welche davon ist verkehrt und welche ist richtig? In einem Gebot ist enthalten, dass wir kein falsch Zeugnis reden sollen (s. 2 Mose 20,16; 5 Mose 5,20). Doch wie viel wird gelogen! Englische Wissenschaftler stellten fest, dass der durchschnittliche Bürger zweihundert Mal am Tag lügt, ob du das glaubst oder nicht. Teste es. Da erzählst du etwas, aber es ist gar nicht wahr; es trug sich ganz anders zu. Rede kein falsch Zeugnis! Verbreite keine Fake News oder falsche Nachrichten! Was kann hier auf dieser Welt schon die Wahrheit sein? (Siehe Mt 8,20; Joh 8,23; Joh 18,36a) So viele blicken nicht durch. Es gibt nur Wissende und Unwissende auf dieser Welt. Zu welcher Gruppe gehörst du? Über den Heiligen Geist wissen wir, was nachfolgend geschrieben steht: **Wenn aber jener kommt, der Geist der Wahrheit, wird er euch in aller Wahrheit leiten (Joh 16,13a).** Wir müssen übernatürlich von Gott geleitet werden; inspiriert durch Träume, Weissagungen u. a. Wir müssen, sobald wir Christen werden, mit der Unwahrheit brechen und mit allem, was in unserem Leben falsch und nicht echt ist. Ein Weg, um aus der Lüge herauszukommen, ist das Bekennen, Vergeben und Loslassen, sodass ich sage: „Das stimmt vielleicht, aber ich glaube das nicht“, oder: „Ich weiß das nicht“, oder aber: „Ich verstehe das noch nicht“.

Am Sonntag erzählte ich euch von einem lieben Bruder, der im Sterben lag. Deswegen musste ich nachts noch ins Krankenhaus fahren. Seine Frau rief mich an und sagte: „Mein Mann brüllt wie ein Stier. Ich halte das nicht mehr aus! Ich bin nervlich fix und fertig.“ Als ich eintrat, schrie er noch lauter. Ich sprach zu ihm: „Walter, ich bin gekommen, um mit dir das Vaterunser zu beten.“ In diesem Gebet kommt die folgende Textpassage vor: *„Und vergib uns unsere Schuld, wie auch wir vergeben unsern Schuldigern.“* (Siehe Mt 6,12) „Und vergib uns unsere Schuld, wie auch wir vergeben unsern Schuldigern“ – plötzlich war er ganz still! Vorher brüllte er wie ein Ochse. Niemand konnte ihm helfen. Die Krankenschwester sagte: „Da brauchen Sie nicht hinzugehen, denn er nimmt nichts an. Wir banden ihn schon am Bett fest. Wir verabreichten ihm Medikamente, taten dieses und jenes, aber nichts funktionierte.“ Wir sollten sagen: *„Vater, vergib“*, denn wir wissen nicht, was richtig und was falsch ist. „Vergib, was ich dachte, z. B., dass das die Wahrheit war.“ Dieser Mann druckte Bücher und fromme Literatur! Doch wenn es an das Sterben geht, stellt man Fragen wie: „Was ist die Wahrheit?“ und, „war das wirklich alles?“ Was ist die Wahrheit? Ich sprach ein paarmal mit ihm: „Bist du sicher, dass du in der Wahrheit bist und den Leuten die Wahrheit mitteilst über Geistesheilung, Glaubensheilung und über welche Heilung auch immer?“ Dann stellte ich ihm die Frage: „Bringt dich das überhaupt weiter?“ und er antwortete: „Das weiß ich nicht, aber ich glaube es zumindest.“ Glauben ist für mich, nichts zu wissen! Denke was du willst von mir. In der Sterbestunde zeigt sich, was der Sinn des Lebens war. Das sah ich bei diesem Mann ganz klar und deutlich.

Jesus erzählt die Geschichte von einem erfolgreichen Kornbauern. Es steht geschrieben: **Und er sagte ihnen ein Gleichnis und sprach: Es war ein reicher Mensch, das Feld hatte wohl getragen. Und er gedachte bei sich selbst und sprach: Was soll ich tun? Ich habe nicht, da ich meine Früchte hin sammle. Und**

sprach: Das will ich tun: ich will meine Scheunen abbrechen und größere bauen und will drein sammeln alles, was mir gewachsen ist, und meine Güter; und will sagen zu meiner Seele: Liebe Seele, du hast einen großen Vorrat auf viele Jahre; habe nun Ruhe, iss, trink und habe guten Mut! Aber Gott sprach zu ihm: Du Narr! diese Nacht wird man deine Seele von dir fordern; und wes wird's sein, das du bereitet hast? Also geht es, wer sich Schätze sammelt und ist nicht reich in Gott (Lk 12,16-21 LUT 1545**).** Er war fleißig. Gott segnete ihn. Sogar das Wetter spielte mit. Seine Scheunen musste er sogar noch vergrößern! Er war ein gesegneter Mann! Doch dann sprach eine Stimme – das war Jesus – zu ihm: *„Du Narr! Diese Nacht wird man deine Seele von dir fordern; und wes wird's sein, das du bereitet hast?"* (Siehe Lk 12,20) „Wem wirst du das alles zurücklassen? Wer wird das alles erben? Wer erhält es?" Zuvor sprach er zu sich selbst: *„Liebe Seele, du hast einen großen Vorrat für viele Jahre."* (Siehe Lk 12,19a) Du glaubst, dass du Vorrat für viele Jahre hast, aber ist das denn auch so? Dann kommt die Wahrheit ans Licht, ob du richtig oder verkehrt glaubtest, ob du an den richtigen Christus glaubtest oder an einen falschen. Es kommen so viele falsche Christusse daher! Die falschen Propheten schwirren auf der ganzen Welt herum! *„Diese Nacht wird man deine Seele von dir fordern."* Dein Leben wird wieder zu Gott zurückgehen! *Und wes wird's sein, das du bereitet hast?* Wir erfahren die Wahrheit hier auf Erden. „Wer wird meinen Besitz, mein Wissen, mein Können und alles, was ich hier war, erhalten?" Ich fragte mich oft, ob das wirklich alles ist, was ich erlebte und erreichte?" Auch das gehört zur Wahrheitserforschung und zur Wahrheitsfeststellung. „Dass ich mit leeren Taschen, ohne etwas zu haben, in die Ewigkeit gehe – soll das etwa wirklich alles sein?" Dieser Mann war ein Arbeitstier, ein Arbeitssüchtiger, ein Workaholic, ein Egoist und ein Single. Er lebte nur für sich. Wer wird das alles erben? Die Wahrheit gelangt ans Licht, ob du bloß Schätze sammeltest, welcher Art auch immer, oder ob du dein Geld, deine Kraft und deine Zeit richtig verwandtest.

Im Diesseits kommt die Wahrheit nur teilweise heraus. Meistens ist es nur Müll, was wir als Wahrheit ansehen. Der Heilige Geist muss uns offenbaren, um was es wirklich geht! Jede Lüge sollten wir hinauswerfen und entsorgen! *„Diese Nacht wird man deine Seele von dir fordern."* Stelle es dir vor: Die Wahrheit tritt meistens dann zutage, wenn du kurz vor dem Sterben bist. Ich will dir keine Angst machen, aber so ist das. In den letzten fünfzig Jahren, in denen ich als Pastor tätig war, beerdigte ich schon so viele Menschen und betreute schon so viele Sterbende. Auf einmal kommt die Wahrheit ans Licht! *„Und vergib uns unsere Schuld, wie auch wir vergeben unsern Schuldigern."* Man kann Gott nichts vormachen. Man kann anderen etwas vorspielen, seinem Partner, seiner Partnerin, den Geschwistern in der Gemeinde, aber nicht Gott. Da muss man ganz ehrlich sein. Wir müssen ehrlich und aufrichtig werden! Gott fordert dein Leben: *„Diese Nacht wird man deine Seele von dir fordern."* „Lieber Bauer, was hast du erwirtschaftet? War das wirklich alles? Was war dein Leben? Was war dein Reich, das du sahst? Machte dich das wirklich glücklich? Wurdest du reicher oder ärmer? Warfst du mehr Geld hinaus oder besaßest du immer mehr? Was war es, was du erwirtschaftetest?"

Was ist das Leben? Wofür lebt man? Was nützen die ganzen Ersparnisse, Titel und Diplomas? Wozu sind sie nütze? Was nimmst du mit? Auf dem Grabstein von Dr. Billy Graham steht einfach nur: *„Hier ruht der Prediger des Evangeliums"*, mehr nicht. Er führte Hunderte, Tausende, wenn nicht sogar Millionen zu Jesus! Er tat nichts anderes als von Jesus zu predigen. Unsere Aufgabe ist, das Evangelium zu verkündigen zur Zeit und zur Unzeit (s. 2 Tim 4,2a). Was sind unsere ganzen Aktivitäten wert? Was bleibt einmal übrig, wenn wir diese Erde verlassen? Wir müssen alle einmal von dieser Erde gehen. Die Erde „ist ein großer Friedhof, der um die Sonne kreist". Frage dich selbst: „Was bliebt übrig von all den Liebschaften, von all dem Pomp und von all den Klamotten, die ich trug?" Betrachte die Queen! Als man sie beerdigte, machte man einen solchen Spektakel darum, und doch nahm sie nichts mit! Alles musste sie abgeben: die Krone, das Zepter und alles andere auch. Alles bleibt hier. Man nimmt nichts mit in die Ewigkeit. In Berlin Wedding musste ich eine Beerdigung abhalten. Dort gab es Wandurnen. Als man die Urne des Ehepartners zur Seite schob, sah man lauter Spinnen. Das war schrecklich! Wenn manche wüssten, was sich hinter den Steinen verbirgt: Motten, Würmer, Spinnen u. a. Dieses Ungeziefer frisst die Leute, die sich in den Urnen befinden, auf! Manche denken, wenn sie sich in einer Urne beerdigen lassen, findet eine saubere Beerdigung statt. Vergiss es! Der Mensch ist aus Staub und wird zu Staub (s. Pred 3,20), ganz gleich, ob er ein Bauer oder ein König war. Die Wahrheit gelangt ans Licht. „Bauer, was war dein Leben?" „Heute Nacht" – Queen – „wird man dein Leben fordern." Und du tatest nur dieses und jenes. Du wirst in die Ewigkeit eingehen. Es ist egal, wie alt man wurde, alle kommen in den gleichen „Kasten". Denke an die vielen Mumien, die man in Ägypten ausgrub: Die meisten Mumien wurden aufgetischt. Eine Zeit lang mahlte man sie und fertigte ein Getränk daraus, bis man sagte: „Nein, die Toten sollen nicht angetastet werden!" Sie werden ausgestellt, beobachtet, geröntgt und durchleuchtet. Was bleibt? Du nimmst nichts mit in die Ewigkeit; selbst wenn diese Mumien noch so viel Pomp, Gold und wunderbare Dinge für das Jenseits mit auf den Weg bekamen, darüber freuten sich die Grabräuber, mehr nicht. Es ist ein billiges Leben! Die Wahrheit gelangt ans Licht. Die Wahrheit gibt es nur dort oben, nicht in einer Grabkammer irgendwo in einer Pyramide oder auf irgendeinem Friedhof. Die Wahrheit erfährst du, wenn du von dieser Erde gehst; in den nächsten Sekunden stehst du vor dem allmächtigen Gott und musst über deine Seele Rechenschaft ablegen. *„Und wes wird's sein, das du bereitet hast?"* Wird sich deine Seele freuen? Wird es deiner Seele in der Ewigkeit gutgehen? Wir lassen unseren Körper hier, wir lassen unseren Geist hier, wir lassen unsere Seele hier, aber die Seele kehrt zu Gott zurück.

Das Leben in dieser Welt gleicht den Leuten, die nur Buchstaben benützen, um Wörter zu bilden, so wie ihr das vorhin getan habt. Aus einem Wort entstehen viele. Buchstaben nach Belieben aneinanderreihen; man fügt einige Buchstaben hinzu, nimmt wieder welche weg oder tauscht einige davon aus. Das wirkt sich auf die zukünftige Welt aus. Ein kleiner Fehler in dieser Welt bewirkt, dass du in die verkehrte Richtung gehst. In der Bibel steht, dass Bücher geschrieben werden, in denen alles festgehalten ist (Offb 20,12). Gott ist ein Buchhalter!, zwar nicht Er, aber die Engel und die Geisteswesen halten alles fest. Was bleibt denn dann unterm Strich für mich übrig? Was wird aus meinem Leben, das ich lebte? Sagst du auch: „Ich hatte einen Traum, aber er wurde nicht erfüllt“, gleich Elia? So ergeht es auch den Politikern! Ein Schuss fiel und der Traum war ausgeträumt. Auch ich hatte einen Traum, und ich möchte dir erzählen, was er beinhaltete. Bevor ich einen Computer hatte, schrieb ich ein Manuskript. Ich irrte mich und strich ein Wort durch, denn ich sann darüber nach, dass man es besser anders formulieren sollte. Ich schrieb also meinen Artikel. Das mit dem Computer Verfasste kannst du einfach so löschen, aber das mit der Hand Verfasste nicht. Gerade als ich den bunt markierten Text noch einmal abschreiben wollte, hieß es, dass man den Artikel abgeben müsse, denn die Zeit sei vorbei. Genau so ist es: Du bist noch nicht fertig, es ist noch nicht richtig ausformuliert! Und das schockierte mich sehr!

In der Schule musste ich einen Aufsatz schreiben. Ich dachte mir: „Das ist absolut mein Thema! Ich weiß ganz genau darüber Bescheid!“ Ich schrieb und schrieb, war als Erster fertig und gab mein Heft ab. Doch als ich die Woche darauf mein Heft zurückerhielt, war alles rot durchgestrichen und mit dem Vermerk versehen: „Thema verfehlt!“ So viele Menschen verfehlen ihr Thema! Sie hätten etwas ganz anderes sein sollen. Sie dachten zwar: „Ich weiß viel! Ich bin gut informiert!“, aber nein! Sie haben das Thema verfehlt! Und eine Stimme sagte mir: „An deinem Manuskript ist noch so vieles verbesserungsfähig.“ Wir gehen selbst als getaufte Christen in die Ewigkeit und sind unvollendet! Wir sind nicht fertig! Manche Leute bilden sich ein, dass sie dann perfekt seien. Aber schau dein Leben ehrlich an: Du bist nicht perfekt. Da fehlt es und dort fehlt es, da zwickt es und dort zwackt es. Ich wollte den Artikel noch sauber abschreiben, doch ich hatte keine Gelegenheit mehr dazu. Es war ein Traum, und ich dankte Gott dafür, dass es nur ein Traum war! Doch aus diesem

Traum lernte ich so viel! „Thema verfehlt!“ So ist es! Schau, wie viele Leute das Thema verfehlen!

In der ehemaligen DDR beerdigte ich einmal einen Kommunisten, der mit Wilhelm Pieck befreundet war. Er war daran beteiligt, diesen Staat mit aufzubauen. Während der Trauerrede durfte ich sagen, was ich wollte, nur ein Satz durfte nicht fehlen: „Er konnte sein Ideal nicht verwirklichen!“ Die Frage ist: Kannst du dein Ideal verwirklichen? Hast du schon dein Ideal verwirklicht? Habe ich mein Ideal verwirklicht? Ja, das ist die große Frage. Solange wir noch das Manuskript in den Händen halten, können wir noch eine Textveränderung vornehmen. Wir bekommen noch keine Noten. Aber dann kommt die Abrechnung: die Stunde der Wahrheit!

Was ist die Wahrheit? Ich ermutige dich, einmal ein kleines Baby zu betrachten, das in einem Kinderwagen geschoben wird. Wenn es erst einmal da ist, kannst du nichts mehr verändern. Du ließest etwas los und das Baby ist da. „Es sieht genauso aus wie der Vater oder wie die Mutter“, ruft man aus. So ergeht es mir auch zuweilen mit den Predigten, die ich verkündige. Manchmal gehe ich nach Hause und denke so bei mir: „Also, das hättest du auch noch sagen können! Und das auch noch!“ Dann mache ich eine Notiz für das nächste Mal, aber ich weiß nicht, ob ich das nächste Mal dieses Thema überhaupt behandle. Die Predigt wurde geboren nach der Schwangerschaft. Der Artikel ist abgegeben und wurde publiziert. Es ist vielleicht noch möglich, die Korrektur zu lesen, aber es können immer nur Kleinigkeiten verändert werden. Dann drückt Gott das Siegel darauf. War es gut oder war es nicht gut? War es recht oder war es nicht recht? Wir müssen über unser Leben Rechenschaft ablegen, sogar über jedes unnütze Wort (s. Mt 12,36). Ja, ich sagte mir: „Das hättest du auch anders machen können!“

Alles, was in unserem Leben stattfindet, ist, sobald wir von dieser Erde gehen, in Stein gemeißelt. Folgendes ist in der Bibel festgehalten: Wie der Baum fällt, so bleibt er liegen (s. Pred 11,3b). Das ist die Wahrheit! Solange du hier bist, ist alles okay, ganz gleich, ob du gut oder böse bist. Doch dann stehen wir vor dem allmächtigen Gott! In der Stunde des Exodus, da wir die Welt verlassen, müssen wir alles zurücklassen und vergessen. Dann fühlt und weiß man, was richtig und was verkehrt war.

Ich begleitete einmal einen sterbenden Bruder. Wir konnten noch miteinander reden. Ich fragte diesen Achtzigjährigen, was er gern noch in seinem Leben erfahren hätte und er sagte: „Ich wäre am liebsten gern morgens barfuß im grünen Gras gelaufen." Warum hast du nicht ausgeführt, was du am liebsten getan hättest? Tue doch dieses und jenes! Erst zu spät bemerken wir, dass wir vieles versäumt und verpasst haben. *„Und wes wird's sein, das du bereitet hast?"* Gott wird die Seele zurückfordern. Während der Schöpfung hauchte Er den Menschen an und sprach: „Werde eine lebendige Seele". Und es geschah (s. 1 Mose 2,7). Er bekam den Odem – das Leben – Gottes. Irgendwann fordert Er es aber zurück! Was von Gott ist, findet zu Gott zurück, und was von der Erde ist, wird wieder zu Staub. Alles findet wieder zurück zum Ursprung. Wir werden hier auf die Umkehr zu Gott vorbereitet. Dazu existierst du, existiere ich und existieren wir alle. Wir wissen nicht, wann für uns die Stunde der Wahrheit schlägt. Da werden manche überrascht sein. Wenn eine 82-jährige Person unerwartet und plötzlich stirbt, dann ist das okay, aber wenn eine 28-jährige Person stirbt, unvorbereitet, plötzlich und überrascht, dann stimmt irgendetwas nicht. Wir müssen uns vorbereiten. Damals fuhr ich des Nachts um ein Uhr zu diesem Walter hin. Seine Seele schrie und konnte es nicht lassen. Ich dachte mir: „Wer weiß, wie lange er noch lebt." Da ist keine Zeit zu verlieren. Zeit ist kostbar. Ich sprach: „Lass uns das Vaterunser beten." Mehr konnte ich auch nicht tun. Ich nahm ihn bei der Hand und betete mit ihm. Ein paar Tage später entschlief er ruhig und friedlich. Erst das Vaterunser verändert unser Leben. Du kannst von mir denken, was du willst hinsichtlich des Vaterunsers. Dieses Gebet hilft den meisten Menschen weiter. *„Geheiligt werde dein Name. Dein Reich komme. Dein Wille geschehe"*. Und dann folgt: *„Denn Dein ist das Reich und die Kraft und die Herrlichkeit"*. Frage ihn, wenn du in die Ewigkeit eingehst. Dort erfährst du die Wahrheit auch über dich selbst. Du wirst ihn dort treffen, und du wirst alle anderen auch dort treffen, in welcher Form auch immer. Wir rufen aus: „Bist du nicht dieser oder jener?" Ja, du wirst ihn treffen! Wir werden uns gemäß dem erkennen, was uns auf Erden beeinflusst hat, abwärts oder aufwärts. Wir haben alle die Ewigkeit in uns. Die Ewigkeit ist die Wahrheit! Wir leben für die Ewigkeit!, für den Sinn des Lebens! Vielleicht liegst du schon eine Weile behindert im Bett. Die Predigt, die ich hier halte, hören, nachdem ich das Amen ausgesprochen habe, über tausend Leute. Irgendeiner davon hört sie vielleicht im Bett. Eine Schwester teilte mir mit, dass sie meine Predigten hören würde, während sie in der Badewanne liegt. Sie kommt von der Arbeit und anschließend hört sie sich die Predigt an. Ja, und das Schöne dabei ist, dass die Wahrheit uns freimacht (s. Joh 8,32b).

Begreifst du die Wahrheit? Willst du überhaupt die Wahrheit verstehen? Ein Bibelvers lautet wie folgt: Es steht geschrieben: **Was nützt es, die ganze Welt zu gewinnen und dabei seine Seele zu verlieren? Gibt es etwas Kostbareres als die Seele? (Mt 16,26** NLB**)** Ich frage dich: Was tust du für deine Seele? Was hast du überhaupt für sie getan dein Leben lang bis zu diesem Augenblick? Da sind so viele verpasste Gelegenheiten! Der Apostel Johannes teilt uns das Folgende mit: „Geliebter, ich bete, dass es dir in allen Dingen gutgehen möge und du gesund bist, so wie deine Seele gedeiht." (Vgl. 3 Joh 2,2) Wie gedeiht und entwickelt sich deine Seele? Frag dich einmal selbst. Du musst nicht in die Seelsorge gehen, um den Pastor danach zu fragen! Frage dich nur selbst! Wir müssen selbst die Wahrheit in uns erkennen! Wir müssen selbst innerlich herausfinden, was die Wahrheit ist. Dir soll es so gehen, wie es deiner Seele geht, und du sollst so gedeihen, wie deine Seele gedeiht. Weiter steht geschrieben: **Denn ich habe mich sehr gefreut, als Brüder kamen und Zeugnis gaben von deiner Wahrheit, wie du wandelst in der Wahrheit. Ich habe keine größere Freude als die, zu hören, dass meine Kinder in**

der Wahrheit wandeln (3 Joh 2,3f.). Lebst du in der Wahrheit? Sei ehrlich! Außen bist du so, und innen so. In der Gemeinde bist du ein Heiliger, und außerhalb der Gemeinde bist du vielleicht wie ein Teufel. Das teile ich dir in aller Liebe mit. Die Wahrheit ist wichtig. Was ist die Wahrheit? Begreife die Wahrheit für dein ganz persönliches Leben. Gott ist die Wahrheit. Jesus sprach: „Ich bin die Wahrheit. Ich bin die Auferstehung. Ich bin das Leben." (Siehe Joh 11,25) Gott wollte, dass du die Wahrheit kennenlernst. Du musst Jesus kennenlernen! Du musst dich nicht nur bekehren, sondern die Wahrheit wirklich kennenlernen. Wer ist Jesus Christus? Es steht geschrieben: **Jesus spricht zu ihm: Ich bin der Weg und die Wahrheit und das Leben (Joh 14,6a).** Du musst den Ursprung des Lebens kennen: Jesus spricht: „Ich bin die Quelle des Lebens." (Vgl. Joh 4,14) Wenn du Jesus kennst, kennst du die Wahrheit, aber solange du Ihn nicht kennst, kennst du auch die Wahrheit nicht. Das heißt nicht etwa nur, die Hand auszustrecken und zu sagen, „ich bekehre mich", „ich lasse mich taufen" oder „ich gehe in die Gemeinde!", sondern: Kennst du Jesus? Das ist die große Frage! Jesus bringt uns die Wahrheit: *„Mein Gott, mein Gott, warum hast Du mich verlassen?"* (Siehe Mt 27,46b), oder: „Wollt ihr auch alle von mir weggehen?" Ja, diese Frage stellte Er (s. Joh 6,67). „Nehmt euer Kreuz auf euch und folgt mir nach." (Vgl. Lk 9,23b) Und jeder ist mit einem Kreuz beladen, nur bei dem einen ist es größer, und bei dem anderen kleiner. Wer Jesus kennt, der kennt auch das Leben. Aber die meisten kennen Jesus nicht, deswegen kennen sie auch das Leben nicht. Jesus ist das Leben. Er, der Sohn Gottes, kommt auf diese Welt. Es steht geschrieben: **Jesus sagt zu ihm: Die Füchse haben Gruben und die Vögel unter dem Himmel haben Nester; aber der Menschensohn hat nichts, wo er sein Haupt hinlege (Mt 8,20).** Ja, das ist Jesus. In einem Stall erblickte Er das Licht der Welt (s. Lk 2,16).

Die Wahrheit ist so wichtig, und auch, dass wir sie erfahren! Die Wahrheit ist Jesus. In dem Augenblick, da du die Entscheidung für Jesus triffst, entscheidest du dich für die Wahrheit, also dafür, dass du nichts mehr bist, nichts mehr sein willst und dich nicht mehr profilieren willst. Du möchtest Jesus gleich sein und werden wie Er. Was heißt das? Wir sind hier auf dieser Welt, um mit Jesus Bekanntschaft zu machen. *„Was ist Wahrheit?"*, fragt Pilatus. Du hast mehr vom Leben, wenn du mehr von Jesus weißt. Kennst du Jesus? Bist du gut informiert über Ihn? Die Jesusforschung möchte ich dir ans Herz legen! Gehe auf meine Homepage. Dort wirst du einige Bibellektionen finden, die Evangelien und Briefe, die ich für die Internetbibelschule bearbeitet habe. Da kannst du etwas lernen! Du kannst die Bibel studieren, aber die meisten tun das nicht; sie forschen nicht nach. Sie wissen nur, dass Gott die Welt erschuf und kennen ein paar Weihnachtsgeschichten; das ist alles. Kennst du wirklich die Bibel? Jesus sprach: „Die Schrift ist es, die von mir zeugt." (Siehe Joh 5,39b) Lies einmal, was Jesus wirklich war. Nimm dir viel Zeit für Jesus! Verbring viel Zeit mit Ihm! „Auch diese waren mit Jesus"; Petrus und Johannes, als sie verhört wurden (s. Apg 4,1-3). Es waren ungebildete Leute, aber sie waren mit Jesus (s. Apg 4,13). Was ist die Wahrheit? *„Ich bin die Wahrheit."* Diese Worte sprach Er aus.

Jesus muss die Substanz unseres Lebens werden; der Grundgedanke. Und das Eigentliche unseres Lebens ist, dass wir das Thema treffen, und nicht später in der Ewigkeit unsere ganzen Aufgaben durchgestrichen bekommen mit dem Vermerk: „Thema verfehlt!" So viele Menschen konnten ihr Ideal nicht verwirklichen und verfehlten dabei noch das Thema; das Generalthema des Lebens, das A und O, das Wichtigste! Das Wichtigste ist, dass ich Jesus kennenlerne und mehr und mehr verstehe! Wer und was war Er überhaupt? Inhalt und Stoff unseres Lebens, der Hauptgehalt und das Wesentliche, ist Jesus, und nicht etwa, dass du die Bibel auswendig kennst und weißt, wo etwas geschrieben steht; auch nicht irgendwelche Glaubensbekenntnisse oder Gebete, sondern: Kennst du Jesus? Im ersten Johannesbrief Kapitel 1 lese ich, was nachfolgend geschrieben steht: **Was von Anfang an war, was wir gehört haben, was wir gesehen haben mit unsern Augen, was wir betrachtet haben und unsre Hände betastet haben, vom Wort des Lebens (1 Joh 1,1).** Von Anfang an existierte Er, also das, was wir hörten, was wir mit unseren eigenen Augen sahen, was wir betrachteten und mit unseren Händen betasteten. Hast du Jesus mit deinen Händen betastet? Du sagst: „Ja, das ist schon zweitausend Jahre her!“ Wir müssen Jesus im Geist und im Glauben erleben! Paulus sprach einmal: „Ich bin eine unzeitige Geburt.“ (Siehe 1 Kor 15,8) Er begegnete Jesus auf der Straße nach Damaskus: *„Saul, Saul, warum verfolgst du mich?“* (Siehe Apg 9,4b EU) Plötzlich liegt er auf dem Boden im Staub (s. Apg 9,4a). Und was folgt dann? „Steh auf und geh in die Stadt; da wird man dir sagen, was es damit auf sich hat.“ (Vgl. Apg 9,6) „Ja, das Wort des Lebens! Wir hörten davon!“, wie nachfolgend geschrieben steht: **Und das Leben ist erschienen, und wir haben gesehen und bezeugen und verkündigen euch das Leben, das ewig ist, das beim Vater war und uns erschienen ist –, was wir gesehen und gehört haben, das verkündigen wir auch euch, damit auch ihr mit uns Gemeinschaft habt (1 Joh 1,2-3a).** Auch ich verkündige euch heute, was Gott mir schenkte. Ja, ich möchte vom Heiland plaudern! Ich bin von Jesus erfüllt! Für Satan habe ich keine Zeit. Aber ich möchte euch verkündigen, wer und was Jesus ist. Ich musste selber lernen, Jesus kennenzulernen durch Beten und Fasten, und auch im Eigenstudium. Nicht das, was du in der Schule über Jesus lernst, sondern das, was du selbst erlebst, erfährst und lernst, weißt du dann ganz genau. Was die anderen dir erzählen, ist gar nicht sicher. Das musst du noch nachprüfen. Sie lügen unter Umständen. Da wird so viel erzählt und geschwärmt von Jesus, vom Heiligen Geist und vom lieben Gott! Aber ist das die Wahrheit? Leben das die Leute auch wirklich aus? Funktioniert das denn überhaupt bei ihnen? Sie erzählen von Rezepten, damit dir der Saft im Mund zusammenläuft, aber nicht davon, wie man das Mahl zubereitet. Oft wissen sie nicht einmal selbst, wie es zubereitet wird. Es steht geschrieben: **Was wir gesehen und gehört haben, das verkündigen wir auch euch, damit auch ihr mit uns Gemeinschaft habt; und unsere Gemeinschaft ist mit dem Vater und mit seinem Sohn Jesus Christus (1 Joh 1,3)**, und natürlich auch mit dem Heiligen Geist. „In Jesus manifestiert sich das Leben. Das sahen wir!“ Du musst selbst dabei gewesen sein und nicht nur irgendwelchen Märchen, Legenden und Altweiberfabeln nachlaufen, auch nicht der

Wahrsagerei, den Weissagungen u. a.! Du musst es selbst gesehen, erlebt und erfahren haben! Du musst dabei gewesen sein! Jemand gab uns einmal auf der Straße ein Traktat, auf dem stand, dass eine Schrift am Himmel erschienen wäre: *„Jesus kommt bald wieder!“* Mein Vater sagte: „Das kann nicht möglich sein!“ und schrieb an den Herausgeber dieses Traktats: „Wo war das?“ Er antwortete: „Christen in Sibirien sahen diese Schrift am Himmel! Daraufhin schrieb er an eine christlich-charismatische Gemeinde in Russland: „Habt ihr davon gehört, dass die Botschaft »Jesus kommt bald wieder!« am Himmel erschienen sein soll?“ Sie antworteten: „Nein, bei uns fand das nicht statt, aber in Argentinien wäre das gewesen!“ Daraufhin sagte mein Vater: „Das ist doch alles nur Humbug! Den Leuten wird der Kopf verdreht! Sie sagen: »Wir sahen etwas Großes! Jesus kommt bald wieder!« Jesus *ist* gekommen!“ Ja, Er ist gegenwärtig in der Versammlung, wo zwei oder drei zusammenkommen (s. Mt 18,20). „Jesus wird wiederkommen“ – das ist ein seelsorgerliches Thema. Da muss nicht erst eine große Schrift am Himmel erscheinen: „Jesus kommt bald wieder!“ Du musst der Sache auf den Grund gehen! Die meisten Leute prüfen nicht, ob es sich auch wirklich so verhält. Je besser du Jesus kennst, desto besser kannst du deine Ewigkeit erfassen. Dann bist du dem Herrn ganz nahe. Ja! Je mehr du Jesus kennst, desto höher steigst du bei Gott auf. Jesus ist zur Rechten der Majestät Gottes (s. 1 Petr 3,22a). Jesus ist die befreiende Wahrheit. Wenn du Jesus kennst, bist du frei (s. Joh 8,36). Da kann dir nichts mehr passieren; da geht das Leben vorbei, du sprichst die Worte aus: *„Vater, vergib ihnen; denn sie wissen nicht, was sie tun!“* (Siehe Lk 23,34a) Auf dem Berg der Verklärung sehen sie Mose und Elia, und natürlich auch Jesus, ganz im großen Licht. Sie sind begeistert, sodass Petrus gleich ausruft: „Herr, hier ist gut sein! Lass uns drei Kirchen bauen“. (Vgl. Lk 9,33a), eine Kathedrale, eine Kapelle u. v. m. Doch plötzlich sieht er nur noch Jesus allein. Der Tag wird kommen, an dem du nicht mehr Pastor Matutis, Pastor sowieso, Schwester und Bruder sowieso siehst, sondern nur noch Jesus allein! Was wird das Leben sein, wenn du nur noch Jesus allein siehst? Was wird aus Mose, aus den ganzen Gesetzen, aus allen Dogmen, aus sämtlichen Propheten und aus Elia?

Was bleibt übrig davon? Nichts! Du siehst nur noch Jesus allein! Darauf kommt es an! Jesus bleibt übrig! Geschwister, ich möchte euch die Wahrheit ins Herz schreiben und auf euch übertragen: Schau nur Jesus an! Der Kirchenvater Augustinus sagte einmal: *„Suche Jesum und Sein Licht! Alles andre hilft dir nicht."* In die Kirche zu gehen, hilft dir nicht. Die Predigt zu hören, hilft dir nicht. Suche Jesus und Sein Licht! Jesus ist der Grund für unsere Existenz! Er ist der Grund unseres ganzen Lebens! Er ist das Fundament! Wenn das nicht stimmt, stimmt nichts! Was nützen dir Mose und Elia, wenn du Jesus nicht hast? Er ist für unsere Ewigkeit sehr wichtig! Je mehr du Jesus begreifst – und das ist die Wahrheit, denn Er selbst sagt: *„Ich bin die Wahrheit"* –, desto mehr begreifst du deine Ewigkeit. Ich lebe nicht für diese Welt, denn alles vergeht. Ich werde auferstehen, zu Gott gehen, bei Ihm sein und neben Jesus stehen; je mehr ich von Ihm weiß, desto näher stehe ich bei Ihm. Deshalb ist es so wichtig, dass du den Namen „Jesus" kennst und diesen sooft wie möglich proklamierst, davon redest und von Gott erfüllt bist! Denn desto höher steigst du in den Himmel auf! Jesus ist die befreiende Wahrheit für dein Leben!, also weder Mose noch Elia noch irgendwelche Pastoren, Prediger oder Evangelisten. Erkenne die Bedeutung Jesu für deine Seligkeit, für deine Ewigkeit. *„Ich bin der Weg"*, und dann: *„Niemand kommt zum Vater denn durch mich."* (Siehe Joh 14,6b) *„Und wer mich sieht, der sieht den, der mich gesandt hat."* (Siehe Joh 12,45) Und so jemand findet auch seine Seele. Die meisten Leute fanden bis heute noch nicht ihre Seele, sie wissen gar nicht, wo sie sitzt: im Kopf, im Bauch oder in der Brust. Wo sitzt deine Seele? Die Seele muss bereichert werden! Jesus tat eine ganz erstaunliche Aussage, als Er uns mitteilte, was zum erneuten Male nachfolgend geschrieben steht: <u>Jesus spricht zu ihm: Ich bin der Weg und die Wahrheit und das Leben (Joh 14,6a).</u> Wer könnte das sagen? Das kann kein Religionsstifter, kein Mohammed, kein Buddha und kein Prophet. *„Ich bin der Weg und die Wahrheit und das Leben."* – Jesus bewies Seine Behauptung, dass Er eben das ist! Denn Jesus sprach die Worte, als Er am Grab des Lazarus stand, der schon stank, der seit vier Tagen verstorben und in die Verwesung übergegangen war: „Vater, ich danke Dir, dass Du mich allezeit hörst (s.

Joh 11,41b-42a). *„Lazarus, komm heraus!"* (Siehe Joh 11,43) Und es geschah (s. Joh 11,44a). Der Jüngling zu Nain (s. Lk 7,11-17) und die Tochter des Jaïrus (s. Lk 8,49-55) waren vielleicht scheintot. Die Juden beerdigen die Menschen innerhalb von vierundzwanzig Stunden. Sie könnten scheintot gewesen sein oder einen Hitzschlag erlitten haben, das kann alles möglich gewesen sein. Aber wenn jemand bereits stinkt, dann muss das wirklich der allmächtige Gott, der es auf Sein Wort hin: *„Lazarus, komm heraus!"* bewirkte, gewesen sein. Er ist das Leben! Abermals: Jesus sprach zu Maria, was nachfolgend geschrieben steht: **Jesus spricht zu ihr: Ich bin die Auferstehung und das Leben. Wer an mich glaubt, der wird leben, ob er gleich stürbe (Joh 11,25).** Er wird leben, auch wenn er tot war, wenn er bereits starb, wenn er schon in die Verwesung überging und auch, wenn er nicht mehr existiert, auch wenn nur noch ein Skelett von ihm übrig ist oder selbst das nicht mehr. Er wird leben, auch dann, wenn er schon gestorben und vergangen ist. Zum Entsetzen der Versammelten stand Lazarus auf und sie befreiten und lösten ihn (vgl. Joh 11,44b). Sie befragten Lazarus: „Wie war es im Jenseits? Was sahst und erlebtest du?" Ja, auch du wirst die Wahrheit erfahren!

Ein Pastor aus Jakarta, Indonesien, kam einmal zu Besuch in unsere Gemeinde. Inzwischen stand er einer großen Gemeinde von über hunderttausend Leuten vor. Er erzählte, wie er zum Glauben fand: Seine Großmutter, eine wohlhabende Frau, war eine überzeugte Buddhistin. Sie hatte eine Vielzahl von Buddhastatuen, die ihr Heiligtum und Gott waren. Eine Schwester von denen, die sie umsorgten, empfing eine Eingebung wie folgt: „Geh zu ihr hinüber und frage, ob du irgendwie behilflich sein kannst". Sie klingelten also an ihrer Tür. Die Haushälterin öffnete und teilte ihnen mit, dass sie im Sterben liegen würde. Die Schwestern fragten, ob sie noch einmal mit ihr beten dürften, was ihnen auch gewährt wurde. Sie beteten also mit dieser Frau und plötzlich erwachte sie. Sie kam zu sich – ja, es gibt Totenauferstehungen in Indonesien und allerorts auf Erden – und sagte: „Werft alle Buddhastatuen hinaus! Ich war im Jenseits und sah keinen einzigen Buddha, sondern nur Jesus allein!“ So wurde die ganze Familie gläubig an Jesus Christus. Genau das ist es! Wenn du jenseitige Erfahrungen machst – und ich kenne einige Leute, die, warum auch immer, solche Erfahrungen machten –, erfährst du ganz erstaunliche Erlebnisse! Wenn du dich im Koma befindest, erfährst du die Wahrheit, sogar hinter verschlossenen Türen. Bruder Emanuel, jemand aus meiner Stuttgarter Gemeinde, befand sich auch einmal im Koma; er war in einem Krankenhaus stationiert. Ein Autofahrer ignorierte das Rotlichtsignal und brauste geradewegs in sein Fahrzeug hinein. Er war schwer verletzt und befand sich schon mehrere Tage im Koma. Gott sprach zu mir: „Geh hin und bete mit ihm!“ Dort standen drei Ärzte vor der Tür, die mir das Folgende mitteilten: „Herr Matutis, Sie können nicht hineingehen. Uns gelingt es nicht, diesen Mann wiederzuerwecken, und Ihnen wird es auch nicht gelingen.“ Ich sagte: „Als Pastor habe ich aber noch das Recht auf die Krankensalbung.“ Ich trat ein, berührte seine Stirn und sprach: „Emanuel!“ Er öffnete die Augen und sagte: „Johannes, wie bist du hier zu mir hereingekommen? Draußen stehen doch drei Männer, die das verhindern wollten.“ Du siehst: Tote, die sich im Koma befinden, erfahren die Wahrheit! Sie wissen die Wahrheit nebst allem drum und dran! Und das ist noch nicht einmal alles! Über seine Frau Emma sagte er: „Sie sieht sehr komisch aus! Sie ist eingehüllt wie eine Mumie; da schaut nur die Nase heraus. Sprich mit ihr.“ Ich fuhr also über das Tal in ein Krankenhaus, das auf der anderen Stadtseite gelegen war, um zu erfahren, wie es seiner Frau gehen würde, und nach einer Weile erfuhr ich es auch. Alles war in Ordnung bei ihr, nur die Nase war abgerissen! Ihr musste eine künstliche Nase aufgesetzt werden. Mein Bruder sah es in einem gegenteiligen Bild: Alles war eingepackt, gleich einer Mumie, aber die Nase war frei. Du siehst: Menschen, die in der Ewigkeit sind, erfahren die Wahrheit. Für manche wäre es gut, einmal ins Koma zu fallen und in die Ewigkeit versetzt zu werden. Auch ich hatte einmal eine jenseitige Erfahrung. Als ich als junger Bursche nahe dem Bayrischen Wald mit meinem Motorrad in eine Kurve hineinfuhr – ich legte mich ganz schön in diese Kurve hinein –, schmetterte ich gegen eine Hauswand. Daraufhin befand ich mich auch im Koma. Plötzlich öffnete ich meine Augen im

Jenseits. Während ich einen kurvenreichen Berg bestieg, der zu einem Schloss führte, versperrten mir drei Männer den Weg. Ich wusste ganz genau, wer diese drei Männer waren. Es waren Männer, mit denen ich im Clinch lag. Verstehst du? Diese Leute blockierten mich. Als ich wieder bei Bewusstsein war, ging ich sofort zu ihnen und sprach mich mit ihnen aus. Und bis heute habe ich Frieden! „Sie ließen mich durch." Im Jenseits erfährst du die Wahrheit. Die meisten waren noch nicht im Jenseits. Paulus sprach, was nachfolgend geschrieben steht: Ich kenne einen Menschen in Christus; vor vierzehn Jahren – ist er im Leib gewesen? Ich weiß es nicht; oder ist er außer dem Leib gewesen? Ich weiß es nicht; Gott weiß es –, da wurde derselbe entrückt bis in den dritten Himmel. Und ich kenne denselben Menschen – ob er im Leib oder außer dem Leib gewesen ist, weiß ich nicht; Gott weiß es –, 4 der wurde entrückt in das Paradies und hörte unaussprechliche Worte, die kein Mensch sagen kann (2 Kor 12,2-4). „Ich weiß nicht, ob ich im Fleisch oder im Geist war, und auch nicht, was da alles stattfand, aber ich war entrückt bis an den dritten Tag vor den Thron Gottes, und ich sah unaussprechliche Dinge." Du wirst unaussprechliche Dinge erfahren und erleben, wenn du im Geist bist!

Es ist so wichtig, im Geist zu sein! Die Wahrheit erfährst du nur, wenn du im Heiligen Geist bist, und nicht, wenn du dich im Fleisch befindest, studierst oder eiferst, wie folgt: „Ich muss es genau wissen!" Du wirst es nie genau wissen und nie genau erfahren, denn die Leute lügen zweihundert Mal am Tag!, wer es auch immer ist. Das sage ich dir in aller Liebe. Jesus ist die Wahrheit! Im hohepriesterlichen Gebet spricht Er die folgenden Worte aus: **Solches redete Jesus und hob seine Augen auf zum Himmel und sprach: Vater, die Stunde ist gekommen: Verherrliche deinen Sohn, auf dass der Sohn dich verherrliche; so wie du ihm Macht gegeben hast über alle Menschen, auf dass er ihnen alles gebe, was du ihm gegeben hast: das ewige Leben (Joh 17,1f.).** Anders ausgedrückt: „... damit sie das ewige Leben haben und mich als den wahren Gott erkennen, den Du gesandt hast zur Erlösung vieler Menschen." „Vater, verkläre mich!" Du benötigst eine Verklärung

Gottes, ja eine Offenbarung, damit du es ganz sicher weißt: „Das ist es! Das ist es! Das ist es! Ja!“ Menschen können dich belügen, betrügen und hinters Licht führen. Alle Menschen werden eines Tages Seine Stimme hören und auferstehen (s. Joh 5,28f.). Keine Sorge, alle werden die Wahrheit erfahren!

Im vorletzten Jahrhundert ließen sich die Freimaurer verbrennen. Sie riefen aus: „Wir lassen uns verbrennen, nicht etwa, dass der liebe Gott uns kriegt. Er kriegt uns nicht! Denn wir lassen uns verbrennen!“ Aber auch wenn du dich verbrennen lässt, wird der liebe Gott dich kriegen. Denn *„wo ihr Wurm nicht stirbt und das Feuer nicht verlöscht“* dort kommen alle hin (s. Mk 9,48). Alle, die Atheisten, die Gottlosen, die Gottesleugner, die Ungläubigen und die Geistlosen, werden eines Tages vor Gott stehen! Niemand kann dem Herrn entrinnen! Jesus kam, um allen Menschen das Leben zu geben und dafür, dass alle das Leben zurückgewinnen. Du kannst schon heute, jetzt und hier das Leben empfangen. Jesus sprach: *„Ich bin das Leben“*, und es steht auch geschrieben: **Wie viele ihn aber aufnahmen, denen gab er Macht, Gottes Kinder zu werden (Joh 1,12a).** Dein Leben wird wiederhergestellt! Du wirst wiedergeboren zu einer lebendigen Hoffnung (s. 1 Petr 1,3). Du wirst das Leben empfangen! Wenn du Jesus einmal empfangen hast, Stück für Stück – nicht alles auf einmal, vergiss das alles, aber allmählich –, wirst du erfahren, wer und was Jesus ist und wie Er wirklich war. Du wirst Teil der göttlichen Natur, wenn du wiedergeboren bist. Komme zurück zur Realität. Das Leben ist in Jesus Christus! Er spricht die Worte aus, die geschrieben stehen, siehe hier: **Wer den Sohn hat, der hat das Leben (1 Joh 5,12a).** Und das ist die Wahrheit, die dich befreit von den ganzen Lügen und von der Religion! So viele Menschen werden angelogen, wie folgt: „Dir sind alle deine Sünden vergeben!“ Weißt du denn überhaupt genau, dass dir alle deine Sünden vergeben sind? Woher weißt du das? Wer sagte es dir? Du sagst Worte wie: „Ich las es in der Bibel!“ oder: „Der Pastor teilte es mir mit.“ Es steht geschrieben: **Wenn wir aber unsre Sünden bekennen, so ist er treu und gerecht, dass er uns die Sünden vergibt und reinigt uns von aller Ungerechtigkeit (1 Joh 1,9).** Ja, aber hast du diese Vergebung wirklich? Kannst du auch schon als ein wiedergeborener, neuer Mensch leben? Du solltest die Wahrheit haben, die dich immer näher zu Gott, dem Heiland, bringt. Und du solltest für die Ewigkeit vorbereitet werden, damit wir, wenn wir einmal vor Gott stehn, sagen können: „Danke für Jesus!“ Wir sollten viel mehr für Jesus danken, der uns die Sünden vergibt und unsere Gebrechen heilt, Ihn loben und preisen (s. Ps 103,2f.). In der Ewigkeit wird es nur Jesus geben.

In meiner Verwandtschaft gibt es einige Jehovas Zeugen. Deren Kapitän – dessen Kinder führend in der Leiterschaft der Missionsstation „Wachtturm-Zentrale Brooklyn“ sind – reiste extra von Hamburg nach Stuttgart, um mich zu bekehren! Damals waren noch meine Telefonkurzpredigten freigeschaltet, die etwa drei Minuten andauerten. Er hörte sich einige davon an und sprach daraufhin zu mir: „Johannes, ich hörte mir deine Predigten an, aber, weißt du, du sprichst darin nicht von Jehova, sondern nur von Jesus, Jesus, Jesus, Jesus, Jesus und Jesus!“ Ich erwiderte: „Ja, denn Jesus ist unser Retter und Heiland! Es zählen nicht irgendwelche jüdischen Namen wie Allah oder Buddha. Jesus ist der Retter! Nur Jesus, Jesus, Jesus, Jesus, Jesus, und Jesus allein!“ Und weiter rief ich aus: „Ja, ich liebe Jesus, ich bleibe bei Jesus und ich lasse mir meinen Jesus auch durch niemanden eintauschen!“ Die Engel im Himmel sprachen, was nachfolgend geschrieben steht: **Und sie wird einen Sohn gebären, dem sollst du den Namen Jesus geben, denn er wird sein Volk retten von ihren Sünden (Mt 1,21).** Und Er wird Sein Volk selig machen! Das heißt nicht etwa, dass das Volk selig ist, aber es wird selig gemacht werden.

Ich erfuhr einmal Folgendes: Ich sprach: „Herr, ich bin noch nicht so weit. Ich möchte schon viel weiter sein in meinem geistlichen Leben, aber so ist es nicht.“ Auf einmal hörte ich – so als ob ein Engel bei mir gewesen wäre – eine Stimme: „Noch nicht!“ Ja, noch nicht. Weißt du, wir sind noch nicht am Ziel. Wir haben noch nicht Feierabend! Wir sind noch nicht im Himmel! Nur zwei Worte sprach die Stimme zu mir: „Noch nicht!“ Du bist noch nicht so weit! Wir sind noch nicht so weit! Wir haben noch nicht alles erkannt! Das wurde mir so bewusst, dass ich gar nicht mehr hetze und sage: „Ich muss alles erkennen!“, während man sich rauft und sich dabei die Haare aus dem Kopf reißt, oder: „Ich will das erfahren!“ Nein, noch nicht! Wenn die Zeit dafür gekommen ist, wirst du es erfahren und erleben, rechtzeitig also. Deshalb beruhige dich, wenn du das eine oder andere noch nicht erlebt und erfahren hast. Du sagst vielleicht: „Ich empfing noch nicht den Heilige Geist!“ Ja, vielleicht bist du noch nicht so weit. Oder: „Ich empfing noch keine Gaben!“, oder aber: „Der Herr trug mir noch kein Amt in der Gemeinde zu!“ Noch nicht! Hetze Gott nicht. Bleibe ruhig. Du wirst die Wahrheit erfahren, wenn die Stunde der Wahrheit gekommen ist.

Erkenne das Leben! Erkenne, was das Leben wirklich ist! Finde heraus, was es wirklich ist! Die große Frage ist: Kannst du vergeben? Da begann Jesus, und wir beginnen dort, wo Er aufhörte und ausrie*f: „Vater, in Deine Hände befehle ich meinen Geist!“* (Siehe Lk 23,46a MENG, SLT) *„Vater, vergib ihnen; denn sie wissen nicht, was sie tun!“* (Siehe Lk 23,34a) Damit endete Er, und damit beginnen wir und setzen fort. *„Vater vergib ihnen, denn sie wissen nicht, was sie tun!“* (Siehe Mt 6,12b) Du musst Jesus kennen! So wirst du frei. Bringe alle Fakten zusammen. Das lernst du im Leben. „Learning by doing!“ Indem du lebst, indem du arbeitest, indem du dich bewegst, indem du mit Menschen sprichst, indem du deine Kämpfe kämpfst, lernst du. In den Schwierigkeiten lernst du Gott kennen. Du lernst Ihn nicht auf der Couch, auf dem Canapé oder irgendwo im Schlaraffenland kennen. Im Lobpreis Gottes lernst du Ihn nicht kennen, sondern „auf Golgatha“, siehe hier: *„Andern hat Er geholfen und kann sich selber nicht helfen.“* (Siehe Mt 27,42a) Das ist die Wahrheit, die du erleben solltest! Anderen kannst du helfen. Anderen kannst du gute Ratschläge geben. Anderen kannst du Befehle erteilen. Aber, wie ist es mit dir? Du bist ein Schlappschwanz! Das stelle ich dir in aller Liebe anheim. Du versagst und läufst davon! „Wenn Dich alle verlassen, ich verlasse Dich nie!“, sprach Petrus (vgl. Mt 26,35a). Doch wer war der Erste, der ihn verließ? Petrus, der Ihn dreimal verleugnete (s. Mt 26,69-75). Erkenne die Wahrheit! Jesus sprach, was geschrieben steht, siehe hier: **Da sprach nun Jesus zu den Juden, die an ihn glaubten: Wenn ihr bleiben werdet an meinem Wort, so seid ihr wahrhaftig meine Jünger und werdet die Wahrheit erkennen, und die Wahrheit wird euch frei machen (Joh 8,31f.).** Bleibe in Gott! Bleibe Kind Gottes! Beruhige dich! Die Wahrheit musst du im Kontext sehen, im Ganzen, im Zusammenhang, gemeinsam mit Jesus, durch den Heiligen Geist, in aller Klarheit.

Verstehe zunächst einmal Sein Wort. Bleibe in Seinem Wort! Er riet: „Noch nicht!" Diese Worte gaben mir sehr viel Kraft in so vielen Situationen meines Lebens. „Noch nicht!" „Noch nicht!" „Noch nicht!" Wie gern wäre ich im Himmel! Aber Gott, der Herr, sprach zu mir: „Noch nicht! Denn du musst noch dieses und jenes tun!" Ich muss sogar noch verkündigen, was alles nacheinander passiert. Ich wäre so gern im Himmel! Da ist es fantastisch! Ja, im Paradies zu sein, gleich dem Schächer (s. Lk 23,42f.). Wenn dieser es kann, kann ich es zweimal! „Nein, noch nicht!" Wir müssen ein Aha-Erlebnis haben! Das bewirkt das Wort Gottes! So erkennen wir die Wahrheit: „Aha! Ach ja, so ist das!" „Aha!", und dann werden wir nach und nach das Wesen Gottes erlangen. Aber wir müssen mit dem Wort Gottes leben, darüber meditieren und Gott befragen!

Josua erhielt einen Auftrag vom Herrn, als er das Volk Gottes ins Gelobte Land brachte (s. Jos 1,8). Er sprach: „Denke bei Tag und bei Nacht über das Wort Gottes nach – nicht etwa über die Bibel, denn die gab es damals noch nicht – und meditiere darüber: „Was spricht Gott zu mir?" „Noch nicht!" Denke darüber nach Tag und Nacht, wie folgt: „Was heißt das: »Noch nicht!« Was bedeutet das?" Solange du das Wort Gottes und die Heilige Schrift nicht kennst, bist du für den Feind angreifbar. Darin ist enthalten, was er unternimmt, um dir zu schaden. Da wirst du geschleudert, gesiebt und gedroschen. Gott will nicht, dass du blind an Ihn glaubst, sondern, dass du erfährst: „Hält Er auch, was Er verspricht? Ist das wirklich war? Werde ich das

Ziel erreichen? Sehe ich es bei anderen? Sehe ich es bei mir selbst? Habe ich das Zeugnis des Heiligen Geistes?“ Wir müssen lebendig werden; aufwachen: „Ist das wirklich alles?“ Diese Frage brachte mich weiter und führte mich zu Gott. Es gibt noch viel mehr als das, was ich habe. Betrachte die Leute, die im Wort Gottes vorkommen, und, was sie alles erreichten! Und wir? Was hast du? Als ich merkte, dass ich ein Feigling bin – ich bin zwar kein Feigling mehr, aber ich war einer; denn wenn ich mit jemandem über den Glauben sprechen sollte, hatte ich „einen Frosch im Hals“; zwar wusste ich nicht, wie das passierte, denn sonst war ich redselig –, betete ich: „Herr, ich will so wie die Apostel sein, die frei ihre Stimme erheben und die Worte Gottes kundtun!“ (Siehe Apg 4,8-12) Gott – die Wahrheit – muss uns berühren!

Als wir gemeinsam mit unseren Kindern die fortlaufende Bibellese vornahmen, lasen wir die Schriftstelle: „Der Herr tat seinen Mund auf und sprach.“ (Vgl. Lk 1,64) Daraufhin fragte eines meiner Kinder: „Ja, kann man denn auch mit geschlossenem Mund reden?“ Höre auf die Kinder; die Babys! Denn sie sagen dir die Wahrheit. Der Herr will deinen Mund, deine Ohren, deine Augen und deinen Verstand öffnen! Studiere die Bibel über etwas, was dich bewegt und dir zu schaffen macht. Befrage Gott, also weder die Leute noch den Pastor. Denn danach bist du nicht klüger als zuvor. Wir fragen diesen und jenen: „Was sagst du dazu?“ Befrage den himmlischen Vater und Er wird es dir sagen, und zwar so, dass du es begreifst. Du brauchst für dein Leben ein festes Fundament; einen soliden Grund, und nicht nur den lieben Heiland! Die meisten Christen sind nur liebe Heilandsleute, aber sie haben kein Fundament und keine Basis in ihrem Leben. Der liebe Heiland funktioniert nur, wenn du Ihn kennst! Kennst du Jesus? Weißt du, wie Er tickt, funktioniert und arbeitet?, wie Er Menschen hilft, sie aufbaut und alles wieder gutmacht? Kennst du Gott? Wenn wir in Seinem Wort bleiben, werden wir Seine Jünger werden. Wir werden Ihm gleich; Kopien Jesu.

Die Fakten über einen bestimmten Umstand zu kennen, ist noch nicht die Wahrheit. Du sagst: „Ja, ich weiß. Ja!“ Alle Leute wissen, wer der liebe Gott bzw. Jesus ist. Alle sind begeistert von Ihm. Es gibt kaum jemanden, der nicht begeistert wäre. Das ist der Idealzustand. Aber der zuvor erwähnte gute Sozialist, konnte sein Ideal nicht verwirklichen. Wir sollten Jesus kennen und Ihn in unserem Leben und in unseren Situationen entdecken. Ja, entdecke Ihn! Entdecke und begreife die Wahrheit! Erfasse sie, denn wenn du einmal von der Wahrheit erfasst wurdest, und wenn du auch nur ein bisschen davon sahst, weißt du Folgendes: „Das ist ja alles nur Lug und Trug, was die da machen! Es ist nur Schwindelei und Zauberei!“ Wenn der Heilige Geist wirkt, dann merkst du, dass es noch mehr gibt. Als Petrus in Samarien eintraf, begegnete er Simon, dem Zauberer. Er verzauberte die Leute, spielte ihnen etwas vor und sagte: „Gott ist groß!“ Er spielte Theater (s. Apg 8,9-11). Es wird so viel Theater gespielt! Erkenne die Wahrheit und begreife, was sich alles hinter den Kulissen abspielt. Gerade findet der Krieg zwischen Russland und der Ukraine statt. Hier musst du die Wahrheit erfahren! Hinterfrage: „Was tun die Amerikaner? Was machen die NATO-Leute? Was ist die Wahrheit?“ Die meisten Leute kennen die Wahrheit nicht. Als die Pipelines gesprengt wurden, sperrten die Schweden das Gelände ab, damit es keiner Untersuchung unterzogen werden konnte. Es soll geheimgehalten werden, wie die Pipelines gesprengt wurden! In dieser Welt wird so vieles geheimgehalten!, und du weißt es nicht! Es gibt Wissende und Unwissende. Zu welchen Leuten gehörst du? Zu den Wissenden zählen diejenigen, die die Wahrheit wissen und durchschauen, was dahintersteckt. Das sind die Wenigsten.

Gebet: Lieber Jesus, offenbare Dich meinen Hörern, wo auch immer sie sind, damit sie erkennen und begreifen, wahrhaft Deine Jünger werden und erfahren, was es mit ihrer Seele auf sich hat. „Reicht das für meine Seele? Reicht das für die Himmelfahrt? Habe ich genug Zündstoff, um das Ziel zu erreichen?“ Ich möchte nicht, dass irgendeiner von meinen Hörern das Leben zurückbekommt mit dem Vermerk: „Thema verfehlt!“ Lieber Gott, hilf meinen Hörern, damit es ihnen nicht so ergeht wie dem Bauern. *„Diese Nacht wird man deine Seele von dir fordern."* Dein ganzer Erfolg, dein ganzer Fleiß, der ganze Segen und „die vergrößerten Scheunen" nützen nichts! Hilf, dass wir unsere Seelen in Sicherheit bringen, solange es noch möglich ist und solange noch Zeit ist. Die Wahrheit macht uns frei. Amen

HINWEISE zur QUELLENANGABE

Die von mir verwendete Literatur:
Lange Bibelwerk, 1873 Leipzig. Die Schriften des Alten und Neuen Testaments erklärt und übersetzt für die Gegenwart. 1925 Göttingen, Vandenhoeck & Ruprecht. Außerdem Otto von Gerlach, Altes und Neues Testament (Anmerkungen) 1893 Leipzig (J. E. Heinrichs'sche Buchhandlung) und mein eigenes Archiv.

ANMERKUNG

Die meisten Schriftstellen sind der Lutherbibel entnommen, nur einige wenige nicht.
Beachten Sie dazu bitte die nachfolgenden weiterführenden Hinweise.
Vergleichbare in diesem Buch aufgeführte Übersetzungen sind:

HFA	Hoffnung für alle
ELB	Elberfelder Bibel
SLT	Schlachter 2000
NLB	Neues Leben. Die Bibel
EU	Einheitsübersetzung 2016
DBU	Das Buch
LUT	Luther-Bibel 1545
MENG	Menge Bibel

LITERATUREMPFEHLUNG

Weitere Einblicke:

Gemeindebibelschule

Band 1

ISBN: 978-3-8416-0122-3

Seitenzahl: 332

Herausgabe: 07.10.2011

Band 2

ISBN: 978-613-8-37838-9

Seitenzahl: 312

Herausgabe: 15.05.2024

Band 3

ISBN: 978-613-8-37909-6

Seitenzahl: 304

Herausgabe: 26.09.2024

Band 4

ISBN: 978-620-2-44004-2

Seitenzahl: 284

Herausgabe: 06.02.2025

Predigtsammlung

Band 1

ISBN: 978-613-8-35336-2
Seitenzahl: 96
Herausgabe: 09.03.2023

Band 2

ISBN: 978-613-8-37845-7
Seitenzahl: 108
Herausgabe: 25.06.2024

Band 3

ISBN: 978-613-8-37873-0
Seitenzahl: 96
Herausgabe: 31.07.2024

Band 4

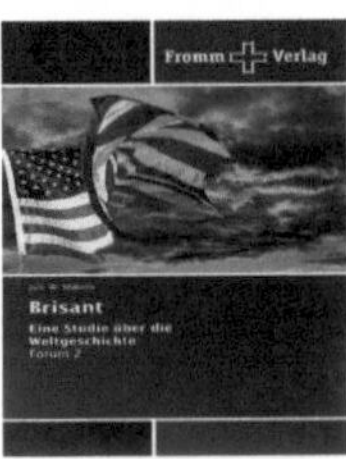

ISBN: 978-613-8-37884-6
Seitenzahl: 88
Herausgabe: 16.08.2024

Band 5

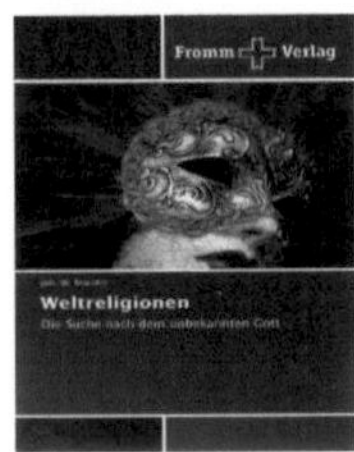

ISBN: 978-613-8-37886-0
Seitenzahl: 104
Herausgabe: 29.10.2024

Band 6

ISBN: 978-3-8416-0649-5
Seitenzahl: 100
Herausgabe: 05.12.2024

Band 7

ISBN: 978-620-2-44062-2
Seitenzahl: 92
Herausgabe: 24.02.2025

Printed by Books on Demand GmbH, Norderstedt / Germany